天下文化
BELIEVE IN READING

愛是一條線

Kolas Yotaka 著

謹以此書

獻給我的母親Micuwi與兄弟姊妹：

Kacaw Yotaka、Hongay Yotaka、Cawas Yotaka

父親依然與我們同在，

而活著的我們正擁有彼此。

目錄

來自花蓮土地上的勇氣和精神

蔡英文　中華民國總統

Kolas Yotaka是總統府發言人，這次她出新書，換我來為她發言，希望更多人能透過這本書，認識優秀、溫暖和堅韌的Kolas。

我在閱讀這本書的時候，看到Kolas與父親相處的點滴，也看到她的家族是如何把溫柔、堅毅的精神，代代傳承下來。

其中讓我印象深刻的，就是出身花蓮阿美族的Kolas，在辦公室裡，有一張祖母的照片和一塊來自花蓮的石頭，用來時時刻刻提醒自己，不要忘記自己從哪裡來，也不要忘記自己的使命。

Kolas，是取自祖母的名字，也是父親對她的期許，希望她能夠像祖母一樣美、善、真。

當Kolas剛從行政院發言人轉任為總統府發言人，邀請父母來到總統府。她父親一走進她的辦公室，就指著祖母的照片說：「阿嬤陪妳上班」，還特別和照片一起合照。那一幕，是父親對母親的思念、也是父親對女兒的期許。

Kolas確實做到了！她用美、善、真的態度，努力撕去他人對原住民、對女性的刻板印象。

用自己的力量回饋家鄉

在求學期間，她就投入原住民族運動、社會運動，積極參與公共事務，展露出實踐公平正義的抱負。投入職場二十多年來，她不論是擔任主播、地方局處首長、立法委員或是發言人，都用自己的能力為社會和國家帶來貢獻，也期待用自己的經驗，回饋她最關心的家——花蓮。

我很高興能和Kolas共事，從她的身上，我看見一位溫柔、堅毅又富有內涵的女性，在職場上獨當一面，我相信，這是花蓮這片寬闊的土地，以及阿美族特有的韌性，給她的養分。

我也期許Kolas，把這份來自花蓮土地上的勇氣和精神，奉獻給這片土地，為花蓮鄉親服務，為花蓮的進步而努力，讓花蓮人可以因家鄉而驕傲，讓東台灣開花結果，綻放出美麗的光芒。

原來Kolas的果敢與勇氣，是源自於她的父親

賴清德　中華民國副總統

大約兩年前的某一個早上，我突然接到發言人Kolas的電話，語調憂心的詢問她令尊Yotaka先生的醫療問題，雖然談話時間不是很長，但在談話最後，電話那頭傳來的聲音已經哽咽。

我很快的和主治醫師取得聯繫，沒有想到竟然這麼巧，主治醫師是我成大醫院內科的賢拜。之後，我會和主治醫師請教、討論，也會提供意見以及協助分析Yotaka先生可能的病情發展給Kolas參考。在這段時間，我常常不必問醫師，看Kolas的心情就可以知道

她父親情況的好壞。

然而，我一直到幾個月後，和澳洲、紐西蘭及其他駐台使節一起去花蓮參加豐年祭時，才在Halawan部落見到Yotaka 先生。

與Yotaka先生第一次見面

第一眼見到Yotaka先生，就覺得他又高又挺，行動敏捷，完全不像八十幾歲的人，人雖然稍微瘦了一點，但氣色比我想像中好。他很熱情的歡迎我們，而且在活動結束後，還邀請我前往他家裡再聚。

迎接我的除了他的家人外，還有一桌阿美族美食及一台卡拉OK。進門後，我便和Yotaka 先生併肩靠牆很舒服的坐在矮椅子上，喝著小米酒，吃阿美族美食，邊聊天，邊聽著他的家人盡情唱著各國歌曲，不分男女老少，每一個都很能唱，每一首也都很好聽，真是厲害！

我很意外他們還特別為我唱了幾首我從小就很喜歡的台語歌曲，唱得很有感情。入境隨俗，我也唱了幾首，又和他們合唱了幾首，歌聲不斷，歡樂聲也不斷，一時之間我彷彿回到從前在家裡和家人相聚一般的快樂、又輕鬆自在。

令人敬佩的勇敢與堅強

在歌聲中，我們一見如故天南地北的聊，有好幾次，我不自禁轉過頭來仔細聽著他談他的成長故事，如何由農轉工，然而卻皆非他所愛的無奈。他為了生存發展，從台東到花蓮，而到台北又到日本，環境使他不得不然。在那個年代，來自花東的原鄉小孩竟然能夠一路靠著自己念到大同工學院，通過海選去日本受訓，又回台在日本的公司擔任工程師，何其不容易，又是何等勇敢堅強啊！我舉杯致敬。

他也談到了Halawan，他摯愛的母親居住的地方，和Halawan、和這間房子，心靈的距離是那麼的親近，但現實的距離卻又那麼地遙遠不便。即便已經幾十年了，回憶起來，低啞的聲音，還透露著他對母親無盡的思念，以及他獨自一人的孤單。

母親，是我們共同的思念

我靜靜的看著Yotaka先生，好似看到了我自己，也想到了我母親，茹苦含辛，必須身兼好幾份工作，每天早上我起床上學前她已經去上班，每天晚上我上床睡覺後她才下班回家。我和母親相處的時間不多，但畢竟和媽媽沒有分開，似乎比Yotaka先生幸福，但對母親的思念則一模一樣！想到這裡，我趕緊向大家敬了酒，唱首歌，沒讓眼淚流出眼眶。

在談到天主時，他則是精神奕奕，非常感謝天主賜予，他因此做了許多首聖歌，和太太在教會、社區教唱以榮耀天主，他真是一個虔誠的天主教徒，而當他說到每天都為我禱告時，感動的眼淚，再也忍不住流下來。

愈認識Yotaka先生，就愈清楚原來Kolas勇於追逐夢想，追求認同的勇氣，其實是源自於她的父親。

Yotaka先生過世後，Kolas很是哀傷，但她沒讓哀傷影響工作，仍然積極的協助我完成蔡英文總統所交付出訪友邦宏都拉斯祝賀卡蘇楚總統上任及深化邦誼的使命。她甚至利用出訪回國隔離的十四天寫了一本紀念她爸爸的書，書名叫《愛是一條線》。

這是一本難得的好書，刻劃了父女情深，也展現了身分認同，更虔誠的呈現對天主的信仰，和面對死亡的豁達，很值得大家一讀！

新書出版前，Kolas來找我，希望我為此書寫序，坦白說，我很高興，也很榮幸。希望Yotaka先生榮耀天主的聖歌能夠廣為傳唱。

Miwatid，有火、有水、有淚、有愛

Halawan（哈拉灣）是沿著秀姑巒流域興起的古老阿美族部落，又稱為「樂合」部落。與其他已經原漢／原客混居的部落不同，除了外來的配偶，這個部落的居民九九％都是世居在此的阿美人，一代傳一代。阿美語是主要語言。我們就是來自這個地方。

阿美族是母系社會，有一個儀式，一直流傳到現在，仍未消失，稱為「Miwatid」。Miwatid是我們在失去伴侶後，一個由女人鼓勵女人、繼續勇敢活下去的儀式。是一個有火、有水、有淚、有

愛的傳統。進行Miwatid時，外人、男人、女孩都不得靠近，只有喪偶的寡婦才能參與此儀式。

部落邊有一條溪，稱為Halawan溪，是秀姑巒溪的支流，流往秀姑巒溪。Halawan部落的女性，喪偶之後，會由同樣喪偶的婦女們陪同，前往Halawan溪。喪偶者必須帶著已亡故的丈夫生前的衣物，一同前往。

到了溪邊之後，由部落中最年長的寡婦，以及其他喪偶的寡婦，帶領剛喪偶者，以菸酒祭拜天地。然後，要她把帶在身邊亡者的衣物都燒掉。年長的寡婦這時候告訴她：「他走了，你們是兩個世界的人了。」她哭著，流著淚點火，在岸邊燒去愛人的衣物。

火還在岸邊燃燒著，此時最年長的寡婦又起身。當其他寡婦站在岸邊的火堆旁，老寡婦會牽起剛喪偶者的手，領著她跨越重重的卵石，緩步走向Halawan溪邊。接著，老寡婦要求她，全身面朝上，慢慢將頭躺平於岸邊淺灘，讓溪水蓋過身體，在岸邊的人只看得到她的臉浮出水面。

她還邊哭著。

躺平之後，她全身泡在溪水中，感到溪水正順著下游方向流。水流的方向與她的身體順向，於是微小的水波沖過她的腳掌、四肢、軀幹、肩膀、脖子、頭髮，並且刻意停留在她耳邊上下拍動盤旋，好像不斷在耳邊重複提醒：「他走了。」

她依然流著眼淚。

慢慢地，她試著把水面下握住的拳頭鬆開，讓溪水從掌心流過，撐開她手掌，她學著放手。終於她放開，讓溪水清洗她哀傷的心。年邁的寡婦接著指揮沉浸在水中的她，現在必須把身上的衣物全部脫去，隨水流走。年邁的寡婦此時對著她說：「過去的就過去了，你們是兩個世界的人了，不要回頭看。」

溪水在耳邊持續拍打著，但她卻只聽得到自己的哭聲。淚水不斷流、流、流。這一天從Halawan流向秀姑巒溪的水，是由女人的淚水匯集而成的。

上岸後穿上全新乾淨的衣物，走回部落，還沒走到家之前，遠遠地在部落口就有人等著。鄰居親友趕緊圍上前，護衛著她，陪她緩步走回家。此刻娘家兄長早已在家中等候從溪邊回來的人以及前來致哀的親友。

她走進大門，進行最後巡禮，她一手扶著牆面，沿著牆走遍每一個兩人共同生活過的角落，另一手掩面還是忍不住哭出聲了。往事歷歷在目，痛苦不捨。其他寡婦與親友在屋內與屋外，或坐或站，排成了一條無語的淚人河，與她柔腸寸斷的啜泣聲形成對比，默默低著頭陪伴著。

沒有嚎啕大哭的哀號，以婦女為主的隊伍安靜的陪伴。大家知道今年她不能在豐年祭唱歌，也不能跳舞，因為她是喪家。但度過這一年，就要再繼續面對新的人生。

＊

曾經，我還沒有準備好接受父親已經離開，所以不想聽見有人跟我說「節哀」，於是有好長一段時間，一直沒有跟人說：我的父親過世了。直到有一天我決定，想跟哀悼的情緒做個了結，具體的做法，就是讓父親曾經寫的歌被傳唱下去。所以我決定自掏腰包把他做過的教會詩歌編纂成集印刷出版，捐贈給教會，請更多人一起唱，這樣我就不用為他的人生劃下句點，也不用在一年後、兩年後，讓他變成我們生命中的往事。

我要他依然活生生的。

這是起初開始動筆時，最不切實際的動機。

失去父親的傷痛，是一個除非你親身經歷，否則很難體會的經驗。我們都知道人有一天會死，但當前一刻他還在你身邊，下一刻就必須讓他化為牆上的照片，沒有任何一門課教過你如何放手，也沒有人預先警告你接下來會面對無窮無盡的空缺。

坦白說，我一直手足無措不知如何面對，傷心只能在人前遮遮掩掩。因此過去一百多天，我像個答不出考題又不想落榜的學生，不斷原地掙扎，想拖到收卷前的最後一刻，才不得不亂答交卷。

沒想到，因為工作出國，必須在飯店隔離十四天，意外提供我一個機會，好好面對。我發現，首先我需要處理的，是必須放下由好幾種情緒混雜而成的罪惡感：

無需再因為親手把父親送進火葬場而對他感到內疚；

無需因為無法再照顧他而感到失敗；
無需為了因公出國而對父親感到殘忍；
無需因為流淚的次數減少而對父親感到無情；
無需因為跟著世界繼續往前走而感到自責。

其次，我決定把我還記得的那些寫下來。它就像我的Miwatid。我的眼淚，化成了文字，形成一條無盡的河流。哀傷過後，我準備要上岸了。

我們不需耗費無謂的心力去掩飾悲傷。因為傷痛不是罪惡，它只是要協助我們開始進入一種沒有父親，也能活下去的狀態。父親既已成為不再依戀肉身的精神體，轉化進入另一個新的階段，且我們還活著的人也正在變老，那麼，大可把死亡視為一個轉化的契機。

死亡充滿教育的意義，它會告訴你原來你愛的人對你有多重要。死亡不是天主對人類最後的懲罰，而是祂給我們最好的禮物，唯有透過死亡，才能與天父見面，進入豐富、偉大的下一階段。那個階段，等著我們有朝一日也去探索。

有很多感覺，寫出來，就會知道自己經歷了什麼，且讓它變成我的。原本只是要把父親做的十五首歌匯集成冊，最後竟寫出一本小書。感謝老天給了我這個千載難逢的機會。這段時間，我反省自己，回憶父親，藉著他的歌，寫下他與我共同的生命。

我要把這本有文、有歌的小書獻給跟我一樣哀傷的母親與兄弟姊妹。我想跟你們說：

父親依然與我們同在，而活著的我們正擁有彼此。

認同

我是Kolas，Yotaka的女兒

「你必須知道一個偉大的事實，當你是年輕、有天賦的黑人，你的靈魂完整無缺。」

我獨自站在舊金山的飯店房間，面對窗外，身邊陪我的是塞滿五天出差資料的手提行李。因為擔任總統府發言人，我陪同賴清德副總統出訪宏都拉斯。二〇二二年一月二十九日，約莫當地時間下午二點十分，回程再次過境美國，再過幾分鐘即將啟程前往舊金山軍用機場飛回台灣。

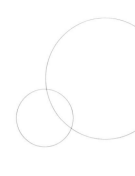

一如過去九十幾天，經常想起父親。時差來襲，霎時時空錯置，正巧手機播放著Nina Simone的〈Young, gifted and black〉：

To be young, gifted, and black（做一個年輕、有天賦的黑人）
Oh what a lovely precious dream（喔 那是多麼美好珍貴的夢想）
To be young, gifted, and black（做一個年輕、有天賦的黑人）
Open your heart to what I mean（打開心胸聽我說）
In the whole world you know（你知道在全世界）
There’s a million boys and girls（有百萬名男孩和女孩）
Who are young, gifted and black（都是年輕、有天賦的黑人）
And that’s a fact !（那是一個事實）

To our young, gifted, and black（我們年輕、有天賦的黑人啊）
We must begin to tell our young（我們必須跟我們的年輕人說）
There is a world waiting for you（前方的世界等著你）
Yours is a quest that’s just begun（你的追尋才正要開始）

When you feel really low（當你陷入低潮）
Yeah, there’s a great truth you should know
（你必須知道一個偉大的事實）
When you’re young, gifted and black
（當你是年輕、有天賦的黑人）
Your soul’s intact（你的靈魂完整無缺）

聽著Nina，一月底的舊金山氣溫低，此時身上穿的是被父親讚美過好看的大衣。腦海中突然浮現一張父親年輕時穿風衣的照片。那時他大約三十四歲，在日本東京灣的一艘渡輪上。他的身形修長，風衣立領挺拔，高挑、簡潔、雙肘靠著甲板後方欄杆，自在站立，削瘦的肩膀挺起他的骨架，若有所思。

「你必須知道一個偉大的事實，當你是年輕、有天賦的黑人，你的靈魂完整無缺。」

突然之間，一股強大的力量從鼻腔加速往上衝，眼淚奪眶而出。想起他的一生，還有我的人生。父親還在的時候，不管發生什麼事，他總是站在我這一邊。過去九十幾天，突如其來的想念，經常像抽搐一般一觸即發，成為一種持續性的入侵。這種悲傷突襲，足以讓時空瞬間休克，靜止在某一個曾經與父親對話的場景，然後父親的影像會慢慢消失，最後只剩我一人站在那裡。

但工作還沒結束。這時我把大衣配在腰際的腰帶打上第二個結，綁緊，正準備開房門。伸手拉行李之際，不禁反問自己：我為什麼站在這裡？想起三個月前還在病榻上的父親，要我努力繼續我的人生，他說：「爸爸不在了，但是你們人生還要繼續走下去啊，不是嗎？」

父親在二〇二一年十月三十日清晨七點五十八分過世，那一刻，我們正握著他的手。接下來，他採取了一種極端的做法：不告知親友、不通知教會、不停柩家中、直接火化。因此我也採取了一種極端的做法：不請喪假，一如往常，彷彿這個世界沒有人認識他，也沒有人注意我。

「人生還是繼續走，不管你遇到了什麼，還是要繼續走。」過世幾天前他指著牆上祖父的照片說：「（我的）爸爸走的時候，我們還不是一樣繼續走過來了嗎？」斷氣後，父親就這樣在短短兩小時之內，消失在我們懷中。

聽見飯店房門外有人聲像風一樣掃過，似乎是人群正簇擁著副總統準備離開飯店，驚覺自己已經遲到，若再不下樓將要錯過前往機場的車隊。於是趕緊拉起行李桿，快步打開房門。才一開門，此時舊金山只有十二度低溫，讓還掛在眼角的眼淚格外熱燙刺人，又要啟程了。

過去這不到一百天，我堅定照他所說的「繼續走下去」。只是想起他過世還未百日，當我真的照他的要求「繼續走下去」，他自己卻從此憑空消失。不知是冷是熱的眼淚經常不看場合、不看時間、不聽使喚地飛出眼眶。

父親給我的名字

父親為了紀念他的母親，給我起了他母親的名Kolas，所以我跟我的祖母一樣，都叫「Kolas」。Kolas是我的名，Yotaka是我父親的名，所以全名「Kolas Yotaka」，即代表「我是Yotaka的孩子」或「我是Yotaka那一家的Kolas」之意。父親要求，他死後，要在他的墓碑與骨灰罈上，用阿美族文字刻上他四個孩子的阿美族名：

「Kacaw Yotaka」、

「Kolas Yotaka」、
「Hongay Yotaka」、
「Cawas Yotaka」。

「你們的生命是從這骨灰裡來的，這（刻字）也是要你們團結，兄弟姊妹的感情要凝固在其中，這骨灰裡的血脈，離不開你們，」他過世前兩週這麼交代。

我的祖母是Kolas，我的曾祖母是Dongi，我的曾曾祖母是Nakaw。我的根，是現在被劃為花蓮縣玉里鎮的Halawan部落，我是一個阿美族人。過去台灣原住民族沒有漢名漢姓，是再自然不過的事，畢竟我們是不同的民族，使用不同的語言。日本人來了要我們改日本名、國民政府來了要我們改漢姓名，一直到二〇〇三年立法院修正「姓名條例」，使原住民族人的姓名可同時與漢字並列，使用羅馬字拼寫，並登記在身分證上，我在二〇〇七年徹底恢復了

我的祖母Kolas

我的阿美族名。

我主張完全拋棄漢字，並以阿美族文字（也稱「羅馬字」）書寫姓名，才能正確發音唸出阿美人的名字。我認為唸對一個台灣原住民的名字，正如我也學習唸對千千萬萬個非原民的姓名，不但是當代台灣人必備的禮儀，也是對一個人基本的尊重。

但自從我成為政治人物之後，這種主張成為一個問題，已經對某些人產生干擾。網路上，機器人網軍往往衝著我對使用原名的堅持而來，排山倒海的羞辱，大多以「漢奸」「走狗」「妓女」「去中國化」或「分裂主義者」稱呼我。

為何用阿美族文字登記阿美族名會是一個問題？

「他們憑什麼批評妳的名字？」父親掛念我多年來遭人辱罵：「妳的榮譽就是我的榮譽」，他要我忍耐，因為天主會看顧。

根據父親的口述，在日據時代，我的祖父Maro，在少年時期被一位在電力公司做事的日本主管帶走，到他家中幫傭。該名主管姓「吉成」，最後把祖父帶到台北，讓他從小學念到中學，還把自家的姓「吉成」給了祖父，並為他取名「志成」。在那個日本人統治台灣的年代，祖父的名字從Maro，變成「吉成 志成」。他學的日語，也跟這位吉成先生一樣，屬於關西腔。

「和」「番」有別的時代

祖父成年後，結婚，生下七個孩子，我的父親排行老三，在一九三七年出生時，由於祖父所服務的電力公司四處調派他任務，當時正好派駐在老家玉里鎮相鄰的富里鄉，於是父親就在現在花蓮縣富里鄉的東里車站附近出生，我那祭師曾祖母Dongi為他取名

「Kacaw」。但「Kacaw」出生後，因剪臍帶處未妥善護理，持續發炎，直到二歲前仍經常發燒，體弱多病，一度幾乎夭折。我的祖母Kolas認為是因為名字不祥所致，主張改名。在那個日本人統治台灣的年代，祖父母自然為父親起了個日本名，單名「豐」（讀音為Yotaka），全名「吉成 豐」。從此以後，Yotaka成為外來語，屬於阿美族男性的名字，也有其他男性沿用。

我父親出生的年代，我們還被叫做「番人」。那是一個階級分明，「和」「番」有別的時代。「番人」不能與日本人同車、同校、同桌，因為我們被認為是低下骯髒的民族。

但祖父因替日本人幫傭，還被納為義子，經歷了其他同部落阿美人不會有的奇幻之旅：到台北求學，在電力公司就業，還分配到日本宿舍，與日本人成為隔壁鄰居。宿舍的格局與其他日本人的房舍一樣，看似無差別。平日講的是日本語，父親與兄弟姊妹也穿著跟其他日本孩子一樣的便服，每天躺睡在榻榻米上，與日本人生活看似也無差別。這一切發展，在當年的「番人」社會中，相當罕見。

骨子裡的認同

父親回憶，日式宿舍的客廳有個檳榔籃，裡面放著檳榔、白灰與荖葉，祖父一下班就找來吃。我們這一家人，外表穿著看起來像日本人，但內心深處是根本的Pangcah（即「阿美人」之意）。只要一進家門，就是截然不同的景觀、樣貌、姿態、舉止、語言。白天，父親與兄弟姊妹的玩伴都是日本孩子，以為自己與他人無異，但回到家又講不同的語言，小孩子開始對自己到底是什麼人產生疑問。

有一次要從台東坐火車回花蓮的部落老家Halawan，被隔在

「番人」才能坐的車廂。為什麼從「日本人」的宿舍被轉到「番人」的車廂，父親的大姊忍不住困惑地問：「我們到底是日本人還是番人？」祖母大聲喝斥：「**O Pangcah kita nini!**（我們是阿美人啊！）」

我的名字叫Kolas，是Yotaka的女兒。**O wawa nu Pangcah kaku**，我是阿美人。父親從未離開，他還跟著我呼吸，跟著我講話，跟著我跳舞、跟著我歌唱。他還繼續引導我的指尖，在我的吉他弦上彈奏，當我跟不上正確的和弦進行，他會用手在餐桌上用力打著節拍，成為我的嚮導。

「Pangcah不會迷路，因為妳是Yotaka的女兒。」

記得自己是誰的孩子，就不會迷路。這就是為什麼，我堅持使用族名的原因。

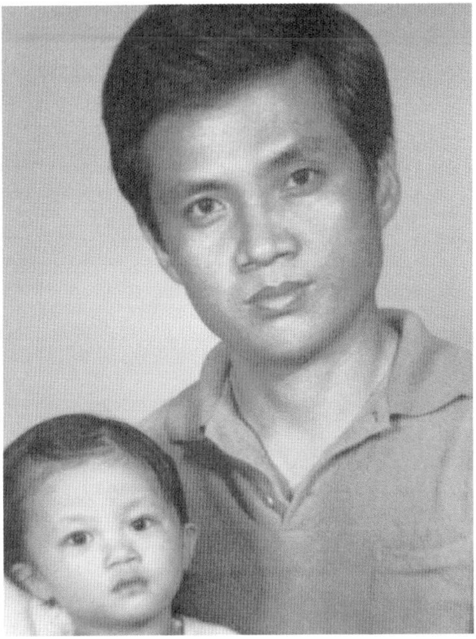

父親與我

承繼

他是Yotaka，Kolas的兒子

父親為了紀念他的母親，為他的長女取名Kolas。他要我繼承祖母的美、善、真。

父親過世後，我被埋在深不見底的想念中，想再跟他講話。

其實當我的年紀愈大，回家與父親聊的就愈多，他很少重複回憶相同的事，幾乎每次聊天都有出其不意的發展。例如有一次，他告訴我其實他被媒體報導過幾次，有日本媒體，也有台灣媒體，這倒是令我相當好奇。

父親過世後，想到他跟我講的這一段，於是我就到國家圖書館，依照他所給我的模糊資訊，例如「好像是○○年、好像是○○

月」，根據這些「好像」，我啟動了大海撈針的計畫，經過連續幾天，至少四十個小時以上的搜尋，找到第一篇，那是一九六九年十月十七日聯合報的一則新聞：

「山地青年葉豐興奮地告訴記者，他曾就讀大同工學院，並在台灣精密工具公司服務，五十八年三月間被外派日本愛媛縣大岡製作所實習……」

一九六九年不但是人類登陸月球的這一年，也是父親飛出台灣的這一年。在他的人生中，第一次被媒體報導，還冠上「山地青年」的頭銜。

文中描述父親通過在台日商的研修考試，被錄取前往日本愛媛縣研修半年，期間他還與一位日籍女子相戀的故事。當年蔣介石還以中華民國總統的名義，針對人類登陸月球，向遙遠的美國發出信函恭賀「循世界大同之旨，共登宇宙太平之域」。但一個來自台灣貧困的部落、身無分文、還半工半讀為下一餐飯奮鬥的「山地青年」，突破重重限制飛進另外一個時空，對父親、對我來說，比人類飛到月球還更值得紀念。

那個年代的台灣，正是政府推動「以農工培養貿易、以貿易發展農工」的經濟開放年代，在各地設置加工出口區，鼓勵生產精密機械的工業產品，要邁向電子工業化，因此政府鼓勵企業開放研修機會。當時正準備設廠的「台灣精密工具股份有限公司」，位在新竹縣新豐鄉，與日本技術合作，要在設廠前，派遣台灣籍的技術人員到日本的大岡、宇都宮、齊藤等製作所研習，研習完成回國後，就開始要接手負責生產部門的作業了。

父親當時正處於半工半讀、辛苦謀生、遠離家園打拚的孤獨，一心只想奮力向上、飛得更遠。好像除了奮力突破，已經沒有其他選擇。好像那是他的天命，有一股神祕的力量，要他朝著那個方向飛。一種莫名強大的意志，擋都擋不住。

於是，父親與數百人競爭，只錄取六人，放榜結果出爐，父親脫穎而出，是被錄取的其中一人。根據他的回憶，考題的難度，不輸日本公費留考，但他以第一名被錄取。於是媒體報導，這位「山地青年」就這樣去了日本，還認識「東瀛女子」……云云。

一九六〇年代的台灣社會，正企圖要從第二次世界大戰中復原，由於國民政府在八年對日作戰中贏得勝利，擊退當年統治台灣的日本，特別需要以強力的政治宣傳，區別戰前、戰後的差異，鞏固統治者的威信。例如，相較於日本「黷武的軍閥」，國民政府是「忠勇仁愛」「不企圖報復」，那段期間的媒體便不斷俯拾各種題材，構築「蔣總統對日本以德報怨……」的英雄形象。

沒想到在一九六九年（民國五十八年）那個入出境的准駁仍歸「台灣省警備總部」掌控的年代，竟出現政府讓「山地人」赴日研修，還跟日本人談戀愛的故事……對當年的媒體來說，真是絕佳題材，還可把日本對台灣的青年開放工作機會、日本人允許自己的女兒跟台灣人談戀愛……，當成是「日本人感恩蔣介石以德報怨」的最佳鐵證。這些情節從頭到尾都堪稱「奇聞軼事」，當記者的真的不寫不行，當然得大書特書一番！

「山地青年」

國民政府來台灣之後，換了統治者，我們又被要求取漢姓名。在茫茫漢字中，到底要用哪一個字當成我們的「姓」？祖父想，既然日本時代的姓「吉成」唸成「Yoshinali」，而在所有漢字中，

「葉」的日語發音也唸成「Yo」，於是在硬要取漢姓名的年代，就乾脆選「葉」當作我們的「姓」吧。

從「昭和」統治改為「民國」統治，我父親的姓名也因此從「吉成 豐」，改為「葉 豐」。隨便選哪一個漢姓，對我們來說沒有特別的意義，但從此國民政府強加在我們身上的新標籤「山地人」，對我們的影響可就大了。

其實我們經常嘲弄過去把我們泛稱為「山地同胞」（簡稱「山胞」）的舊政府。一方面他們有刻板印象，覺得我們都是「住在山上的人」，所以稱我們為「山地人」剛剛好。另一方面，因為不屬同一種族，於是刻意以描述手足關係的用語「同胞」來稱呼我們。因此有長達半世紀的時間，「山地同胞」就成為政府稱呼台灣原住民族的官方用語，並很快就傳播到民間被大量使用。

為了方便管理，當年的政府又逕自以海拔高度把我們分為「平地」與「山地」兩類。所以在憲法中，一度稱呼我們為「平地山胞」與「山地山胞」。稱「山地山胞」也就罷了，但「平地山胞」這個詞，出現了邏輯上的謬誤。既稱「平地」又何來「山」胞？我們到底是「平地人」還是「山地人」？或者他們想描述我們是住在「平地」的「山地人」？又如果是住在「平地」，為什麼硬要叫我們「山地人」？

這一切都講不通。但我們就被這樣叫了數十年。大多在民間、媒體、茶餘飯後提到「山胞」時，皆泛指「不文明」「落後」「退步」「愚笨」「骯髒」「懶惰」「酒醉」「出草」「野蠻」之人。

被放了的牛

我相信父親鐵定破了紀錄，因為他是一個敢飛的人。大部分的人隨著年歲增長，會習慣已經擁有的，忘了如何追求自己真正想要的。但生命的目的，怎麼只是為了要求安穩呢？我的祖母經常用「Mipalafacan a kolong ci Yotaka」來形容我的父親，意思是「Yotaka是被放掉的牛」。但我相信祖母也知道，這頭「牛」的固執奔放，不易於妥協的品格養成，還不都是為了求生。

祖父、祖母在父親大約國小四年級的時候離異，他體會到，他只能靠自己。父親回憶，祖母Kolas帶著四個年幼的弟妹搖醒在沉睡中的他：「Yotaka! Yotaka! Yotaka! 我們要回Halawan，以後再來看你。」父親說，當時他還半夢半醒，不以為意，沒想到之後祖母一去就好幾年沒有再回到台東，他也好幾年沒再看到媽媽。因為離婚，電力公司也向祖父收回了宿舍，不准離婚者再住。父親的世界，一夕變天，支離破碎：「我只有四年級，我怎麼去抗議這個事情？」

祖父母各自為了生存，不得不再組成家庭。一個十歲的男孩，正當需要親情陪伴的階段，卻無法得到正常的父母愛，而產生了強烈的孤獨感。父親排行老三，大姊、大哥年紀較長，在父母離婚後，紛紛離開台東的「新家」，他們知道怎麼想辦法回到花蓮玉里的老家跟媽媽在一起，於是只剩年幼的父親一人滯留在台東的馬蘭部落。

在那個連餵飽自己親生孩子都困難的年代，要如何期待新人對別人生的孩子好？「我孤單到了極點！」獨自被留在台東的父親回憶說。

再長大一些，到了初中階段，父親在就讀台東農校時期曾經逃學數次，自己偷坐火車回花蓮老家Halawan，但又被祖父跟校長無情地帶回。也曾經把書本都拋開，什麼都不想讀，用自我放逐來表達憤怒。但都無法改變事實。

離婚的父母，總希望有孩子留在身邊，在那個年代，期盼身邊有孩子，孩子長大後可以接續賺錢養活自己度過餘生，那是生存的唯一希望。父親一直是被祖父留在身邊的那個孩子，祖母也知道，Yotaka是七個孩子中，唯一被她漏掉的那一個。

最近又最遠的距離

有一年，祖母得知父親在台東農校棒球隊擔任捕手，即將要比賽，地點在現在台東教育大學的大操場。她與大女兒（父親的大姊）從Halawan坐火車，親自到體育場看父親出賽。抵達後，不知是否不願意打擾前夫與現任組成的家庭，她們沒有喊出聲，也沒有特別知會自己的兒子或弟弟，就站在遠遠的一棵大樹下，看著父親打球，看了好一陣子。

直到中場休息，有人通知父親：「你媽媽來了！」父親充滿驚喜地趕緊丟下球具，往樹下跑去。「就那麼一次。我就站在媽媽的旁邊。有講話，」父親回憶說，就這樣趁著中場休息的幾分鐘，站在媽媽的旁邊好一會兒。那是從國小四年級之後，睽違多年再看到媽媽，但球賽結束後，父親再找，就找不到了。那一次中場休息，想必是他與自己母親最近、又最遠的距離。

父親對祖母的想念，超過他的兄弟姊妹的想像，也超過我的想像。

當父親長年在台東，小小的年紀即經歷沉重的被剝奪感。他表明對農校沒興趣，在高中階段便積極轉往工校就讀，回到了花蓮的「花蓮工業職業學校」（現在的花蓮高工）讀書。了解花蓮狹長地形的人都知道，花蓮高工在花蓮縣的北端，玉里鎮的 Halawan 部落在花蓮縣的南端，距離將近一百公里，且戰後交通不便，這可不是媽媽可以在中午幫你送便當的距離。於是他跟幾個同學一起，半工半讀，在美崙山現在的海濱公園、花蓮女中旁，合租了一間小房間。

高二時，有一天清早，在榻榻米上醒來，房東太太跟父親說：「喔，你的媽媽很疼你喔！」房東太太驚嘆著。

「怎麼說？」父親問。

「昨天晚上你的媽媽來，」房東太太說。

「妳怎麼沒有講？」父親意外地問。

「她說『我是他媽媽，不要跟他講』。她一直坐在你旁邊喔，看你睡覺，一整個晚上到天亮，沒有叫你。你的媽媽一個晚上不講話，在哭。」

她在天未亮、父親醒來前離開了。

父親說：「做媽媽的心，就看這一件事情。她對自己的孩子，那種疼，是沒有話說。」父親想起自己的母親，總是有無限的不捨。「因為一個孩子很久的時間，沒有生活在一起，很像丟掉的孩子，因為只有我留在台東，」父親認為，祖母內心必然內疚心痛，覺得自己把骨肉丟在台東，留在別的女人家裡。

艱難的年代，不管是哪一個家，都不能再多接受一個孩子。父親成為被兩個新家放棄的那個。是最失落的那一個，是最孤獨的那一個，也成為必須最堅強的那一個。

父親有強烈的自尊心，他的性格中，有一種強悍的特質，當他領悟人生終究只能靠自己一人，他就必須有勇氣，為自己的人生負責。而且因為有自尊，所以不妥協、不屈服，也伴隨著內心的不甘，於是他決定拋下一切，離開台東、離開花蓮，一度氣憤地想徹底切割與兩個家庭的關係，獨自到台北，開始他半工半讀的大學生活，過著長達五、六年完全不與父母家人聯繫的漂泊人生。他甚至飛到了日本。

祖母Kolas與我的父親

多年後每當我向父親問及祖母的一切，我總覺得，父親內心裡還住著一個男孩。這男孩始終無法釋懷，為何在有生之年，竟然無法再靠近母親一點，無法再擁有母親更多一些？

我成了父親對祖母的想念

父親為了紀念他的母親，為他的長女取名Kolas。他要我繼承祖母的美、善、真。

祖母Kolas是Halawan高雅的女性，是帶領舞蹈的領袖，是疼愛孩子的母親，是部落的女人們喜歡結拜的對象。祖母不但維持家中乾淨，自己也穿著整潔，尤其穿上傳統服跳舞時，她認為女性的圍兜、腰部綁帶、小腿上的綁腿都要綁正，對自己在人前的樣貌一點也不隨便。祖母講話節制，溫順有禮，但一有唱歌舞蹈的機會，她也不會放過。她的嗓音低沉柔和，舞動時四肢纖細有致，韻律感恰如其分。

但因故與祖父離異，讓她的人生遭逢巨變，大多時候處於物質生活困頓的窘境。她不只養自己的孩子，還要一起養姊妹的孩子，大部分的人生是憑著苦力養育孩子和孫子長大成人。她在困苦的環境中，依然獨立、堅強、不屈服，她是我父親朝朝暮暮想念的人。

父親希望我繼承她的好，但絕不希望我跟她一樣命苦。他只希望把他所珍愛的母親的名字，送給他珍愛的女兒。若還有更多奢求，就是希望我能彌補阿嬤曾吃過的苦，讓Kolas還有她的孫女，可以真正受人尊敬，讓家族榮耀。

信仰

生命之歌

如果生活中有一種感動、一種心情、一種感謝，就用音樂來表達。

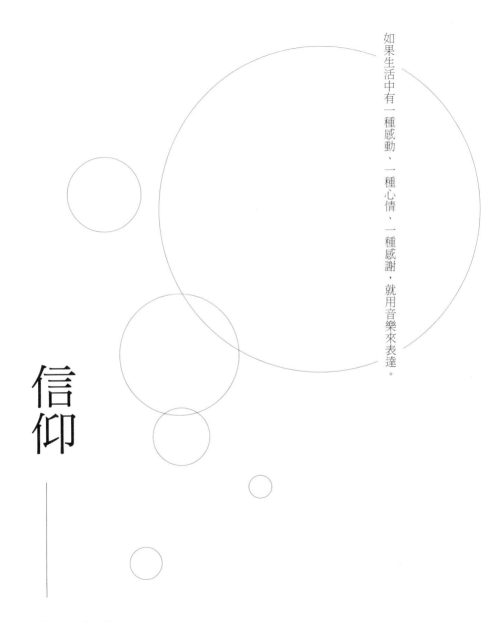

過去二十幾年來，不管是在電視台擔任主播、在市政府擔任局長、在立法院擔任立委、在行政院擔任發言人、或在總統府工作，我經常出席各式活動，有的是公務、有的是私人行程：或開幕、剪綵、動土，或募款餐會、或尾牙、春酒、喜宴。

有趣的是，每當很多要熟不熟的人在一起時，情緒會特別地高昂，說話的音調會刻意地上揚，導致氣氛異常地快樂。處在喧嘩熱鬧的社交場合，忙碌地交換名片，不熟的人也會看起來很熟，不親的人看起來也很親。

很多人一看到我的名片，接著就問我名片上為何「沒有國字」，聽完我解釋之後，九九%以上的人接下來會說：「妳的酒量一定很好」「妳的歌聲一定很棒」「我幫妳點一首〈高山青〉。」

我知道大家只是想找一個話題聊聊，表達善意，但我總是好奇大家是哪兒來的信心。其實說真的，不是每個「原住民」都很會喝、很會唱；此外，〈高山青〉也不是「原住民」的歌。但通常我都會對大家的努力表示感謝，多半當我從善如流，現場總是一片喜氣洋洋，有如黃金年代一般燦爛繽紛。

唱歌跳舞沒有什麼好與不好，歌舞本來就不只是娛樂而已，也不是取悅富人的手段，那是我們的天賦，是我們的生活，是家族的傳承，是歷史的過程。

每年夏天是Pangcah的過年。台灣各部落延續祖先謝天敬神的傳統，尊敬大自然，因此舉辦神聖莊嚴的祭典，阿美族語會把這個跨年的儀式稱為「i lisin」。「i」是「在……哪裡」之意，「lisin」是「祭典」之意，因此「i lisin」代表「在祭典中」，主要的儀節包括「迎靈」「娛靈」及「送靈」等。後來被政府以華語稱為「豐年祭」，但這個詞無法完整翻譯祭典的真義，不過已經沿用數十年。

在ilisin這幾天，部落的男性必須進行高強度的體能操練，其中一項就是不分晝夜的圍舞。在那種圍舞中，你看不見嬉笑怒罵、談天說笑的場面，圍舞的男性幾乎面無表情，因為即便體力已快要耗盡，也必須來回重複大聲吟唱。現場只會看見高年齡階級嚴酷的喝斥，還有低年齡階級男性安靜的服從——該唱對的地方要唱對、該挺胸的地方要挺胸、該來回彎腰模仿海浪高低起伏時就要彎腰，該踏步讓膝上的鈴聲發出聲音時就要用力踏步、該低頭像老鷹一樣俯瞰守護部落時就要低頭，舞步該逆時針時逆時針、該順時針時順時針，背上綁的砍刀絕不能落下，人圍出來的圈要是完美的圓形，不能出現突兀的尖角或缺口。

這一切絕不是很多人以為的「原住民都很會唱歌跳舞」而已。歌舞是我們生活、教育、傳統、信仰的一部分。

父親與音樂

父親最後的工作，是一名工程師。但諷刺的是，他說，他從來都對工業工程沒有興趣。

父親和音樂的連結，雖然起於偶然，卻深入生命。對阿美族人來說，這樣的音樂歌舞訓練，從母胎中就已經開始。為什麼喜歡音樂？再多的DNA研究也無法解釋。他回憶，在他國小時，有一天練完棒球，無意間誤打誤撞闖進台東附小的訓導室，一台鋼琴立在那兒。他像是被莫名的磁力吸引，一步一步走向那座鋼琴，連問都沒問，就直接打開琴蓋，開始自顧自地彈著，指尖敲出聲響與旋律，連自己都陶醉。突然一位男老師大聲嚴厲喝斥，連續喊了幾次：「不要亂彈！」「不要亂彈！」父親即不敢繼續。

父親總是可以把他的感覺彈出來，只要有聽過，就彈得出來。他自有一套管理音符的手法，不論是薩克斯風、鋼琴、吉他、口琴皆然。他也可以把他的感覺跳出來——倫巴、恰恰、華爾滋、扭扭……他是把新音樂風潮帶回Halawan的人。他與他的兄弟姊妹都有這種能力。

父親非常喜歡音樂，生來就被音符吸引，「不知為什麼，看到人家彈鋼琴的時候，很羨慕、很羨慕、非常的羨慕！」父親一心一意想要念中學，希望有機會考取師範大學的音樂系。但貧苦的生活，容不下奢侈的夢想。祖父只能要求孩子選擇省學費和生活費的台東農校和花蓮工校念書。

父親一邊半工半讀，在宿舍睡下鋪，眼睛望上去，上方的床板上還貼滿了英文單字。一邊念著工業學校，一邊還想要再轉學到「花蓮中學」，一心要念大學。但半工半讀的生活令他始終無法達成夢想。勉強走了機械與工業工程的路，從大同工學院到中原理工學院，再到精密工具產業謀生，一路到退休，他笑說自己做工一輩子，想當音樂家，但「沒有那個命」！

吉他與釣竿

如果人不能沒有水，父親就不能沒有吉他；如果人不能沒有空氣，父親就不能沒有釣竿。吉他與釣竿之於父親就是這種崇高的地位。

從我有記憶以來，不論是海釣、溪釣、池釣、船釣……無役不與。我們的工作，通常是他釣魚回來之後聽他差遣，負責幫他買一瓶冰啤酒、一包長壽。然後看他殺魚、媽媽煮魚。上桌後，挑剔魚的肉質與鮮度是母親的專長，抱怨魚刺太多是我們的專利，無差別地讚美自己釣的魚很好吃是父親的特權。沒有人會對彼此的評論有意見，我們會維持一定的和平關係，這就是我們從小吃魚的餐桌政治學。畢竟我們是來自秀姑巒溪吃魚的民族。

餐桌邊至少會有一把吉他，有時候兩把。音符與節拍對我們很重要，常常耳朵還沒聽見節奏，但腳趾頭已經開始打拍。如果生活中有一種感動、一種心情、一種感謝，就用音樂來表達。父親年輕時，一把吉他六條弦，就是家中的卡拉OK。舉凡客人到訪或興之所致，想唱歌就以吉他伴唱。我們做孩子的多多少少也會一些，但我還是覺得他彈得最好。

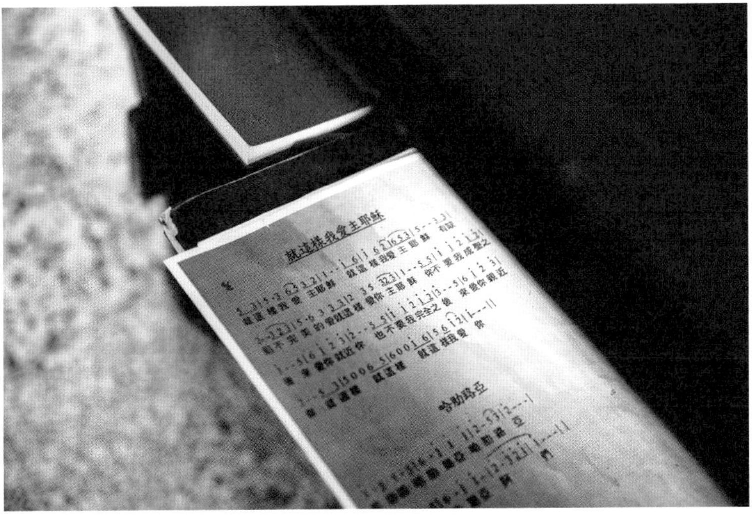

生命之歌—就這樣我愛

很多長輩很意外，為什麼我很會唱「老歌」，為什麼再老的歌我都會？坦白說我自己也莫名其妙，或許一天到晚聽父親唱那些歌可能是原因吧。我的喉嚨裡似乎住著美黛、陳芬蘭、陳蘭麗，更不要說「年輕」一點的鳳飛飛、鄧麗君、翁倩玉、歐陽菲菲、盧靜子……，至於美空雲雀、森進一、千昌夫就更別說了，他們根本是我小時候的玩伴。兒歌反而是我回老家陪祖父母時，哄阿公阿嬤打發時間的工具罷了。

歌在，信仰就在

歌、舞是我們生活的一部分，但父親總是大膽創新，到晚年，堅實的信仰主導了他的歌和曲。他後來開始寫不分族群都可傳唱的歌。他發現很多人不上教堂，也不唸《聖經》，如果他可以寫出朗朗上口的譜，再搭配《聖經》裡的金玉良言，或許可以協助大家背誦《聖經》裡的話語。歌在，天主就在，信仰就在。對很多人來說，在宗教中尋求個人的救贖與永生已足夠，但他卻無私地想把他所感知的恩典與人分享。

歌詞，有自己寫的，也有來自他閱讀過《聖經》或《救恩史》《主內真生命》所產生的感動，是非常個人的，以他個人的方式詮釋。至於曲調，則是他親筆譜寫的。吉他指法，是老派的，融合了日本演歌與早年原民林班情歌的吉他風格。他把這一切都轉譯到了教會的詩歌中。

他的歌多有重複的旋律與歌詞，對信仰的熱情就在歌曲中展現出來，透過唱歌，讓嘴巴重複唸出的禱詞與內心產生共鳴。例如以下這首〈就這樣我愛〉：

「就這樣我愛主耶穌
就這樣我愛主耶穌
有缺陷不完美的愛
就這樣愛祢主耶穌
祢不要我成聖之後來愛祢就近祢
也不要我完全之後來愛祢親近祢
就這樣 就這樣 就這樣我愛祢
阿肋路 阿肋路亞 阿肋路亞
阿肋路 阿肋路亞 阿們」

父親的華語發音與文法並不「標準」。他出生在日本國的年代，第一語言是阿美語，第二語言是日語。一九四五年中華民國來了之後，才開始學講華語。所以他的歌詞，不是「標準國語」，反倒有屬於他個人拼貼文字的趣味。例如這首〈唱新歌〉：

「義人哪
應當靠上主歡樂
正直人的讚美是合宜
你們應當彈琴稱謝上主
十弦琴聲歌誦祂
應當向祂唱新歌
彈的巧妙聲宏亮
因為上主的言語正直
凡祂所做的盡都誠實
祂喜愛仁義公平
遍地滿了上主的慈愛

阿肋路亞 阿肋路亞 阿肋路亞 阿肋路亞」

父親沒有救世主情結，真的只是單純的分享，年邁的他不會使用電腦打字，但他寫字工整，一目瞭然。手稿有的交給妹妹，有的交給天主堂的教友幫他打字，印出這一張張他的客製歌本。

一直到他過世前一個半月，他還背著吉他，到教堂唱著這些歌，沒有人看出他生病。他想用生命讚美天主到最後一刻。信仰的力量，比你所能想的還要強大。我們不但是學習者，也是目擊者。

有信仰的生活

祖母是天主教徒，但在外打拚的父親從未領洗過。直到認識了母親，孩子出生後，在民國七十年，我們全家一起領洗。但領洗後，我們的生活沒有很大的改變，每天過著與領洗前一樣的生活。又過了幾年，父親開始自問：「我是天主教徒，跟不是天主教徒有什麼不同？」「有、沒有信仰有何差別？」「是、不是天主教徒又有何意義？」「我認識我的信仰嗎？」這些問題開始不斷縈繞在他的腦海。

儘管他依舊上班、養家、釣魚、抽菸，但他開始思考信仰的意義，求知若渴。每週到天主堂，他便在教堂的書架前流連忘返，除了必讀《聖經》，舉凡基本的《天主教教義問答》，到各式神學理論，無不閱讀。本週看完了，下週來還書，再借新的，不斷閱讀。

我們所在的教堂是由天主教耶穌會的神父牧會，也就是現任天主教教宗方濟各所屬的修會。耶穌會的神父們常對著我們笑稱：「書呆子來了！」然後又遞另外一本書給父親。閱讀、默想、在信仰中求取進步，儘管書本被翻到破爛不堪，仍瘋狂地閱讀著。

有一年聖誕節。父親想，當有人生日，我們總會送生日禮物。但聖誕節，是耶穌的生日，「我要送耶穌什麼生日禮物呢？」他坦承，從高中就開始學會抽菸，抽了數十年，菸可謂自己的第二生命，他說：「我要把我的生命（香菸）送給耶穌。」瞬間，他決定要戒菸，這不單純只是「永不再抽菸」的生活目標，而是對上主的承諾，是對欲望的犧牲，是對靈魂的試煉。

一夕之間就戒菸，從來沒有作弊偷抽過一次，這是令很多人驚奇的。

不只是「戒菸」

戒菸前父親一天抽一包，兩天抽一包很常見。以前當他菸抽完，總是會使喚我去雜貨店幫他買菸，幼稚園的妹妹則不喜歡他抽菸，就算他已經把菸點著，妹妹也會在他開車時趁機把他叼在嘴上的菸頭剪斷，我們便不斷來回重複這種循環。

父親經常開車載我們往返各地，我習慣的座位就是駕駛座正後方的位子，最喜歡開窗，雙手扶著窗框車門對外看，從外面看來只會看到窗框上有我雙手的四個指頭，我也喜歡讓風吹我的臉。但同時間，前方正在駕駛的父親也喜歡開窗，而且是邊抽菸邊開，邊抽就邊彈菸灰。

有時彈的菸灰會不小心飛進坐在後座的我的眼睛，頓時，我原本想像自己靠窗拍MTV的浪漫瞬間NG，只能邊喊邊快手拍掉臉上的菸灰。「啊！對不起，對不起，」父親沒注意，趕緊說抱歉。但指尖上的菸從來沒熄過。

就在一瞬間，他決定戒菸了。因為菸是他的第二生命，他要把他的生命獻給主。其後，在生活中，無時無刻都為主工作，這是他為自己的人生所做的定義，是信仰生活中重大的決定。

信仰的深度

父親的歌，反映了他的信仰生活，讓他的信仰更加自信。靈感哪裡來的？「聖神感動的。」例如有一天，他聽見一位泰雅族的修女在閱讀《主內真生命》當中提到這段話，

「小孩子，粉飾我的花園。
以現在的情況來說，我什麼也看不見，所看見的只是乾旱。
乾旱統治著我的花園，乾風吹著它，把剩餘的少許也吹乾。
我的花兒需要灌溉，否則每一朵都會滅亡。
我的鳥兒會來不及等到下一個開花的季節，
牠們會一隻跟一隻的死去。

啊，他們肯聽便好了。」

修女邊與父親分享邊落淚，心中有感觸，她認為當今的確有天主教徒忘記教義、不再進堂，對信仰的追求愈來愈淡薄，因此信仰的花園就像書中所說，又乾又枯。聽著聽著，父親以該書本中的內容，譜了一首他創作的吉他曲 C 4/4，名為〈耶穌的花園〉：

「粉飾我的花園
粉飾我的花園
乾旱吹著它 乾旱吹著它 我什麼也看不見
需要澆灌它 需要澆灌它 否則乾旱統治它
我的鳥兒來不及 等到下一個季節
需要澆灌它 需要澆灌它啊 他們肯聽便好了」

曲子譜好後，父親與母親每個月開車數小時到這位修女所服務的深山教會分享教義與歌曲。依照母親的回憶，原本教堂邊的草比人還高，但經過長時間的講道與分享，當堂慶來臨時，父母再去，看見花草修剪整齊，園中立起十字架，也終於看見原本埋在雜草中的聖母亭。花開了，人醒了。

父親的歌，不會比他的信仰還少。在信仰中，他仍要求一貫的謙虛，不能失去格調。什麼是信仰的格調？也就是：宣講自己的信仰時要有自信，但不能自負。讓天主來主導音樂，你會感受到主愛的威力，透過獨特的個人經驗、重複的旋律與歌詞，治療我們被壓迫的苦難與煎熬。透過肢體的解放，獲得內心的寧靜。

很多人做歌，終極的目標是要做出獨一無二的專屬歌曲，最高原則就是絕不能像任何其他人的作品，要是獨家的、屬於自己的。但父親做歌，最希望他的歌就是天主會做的，因為除此之外，已經沒有其他方式可以表達信仰的深度。

我們改變，是為了找回生命的根源，為了傳統。一但沒有了傳統，我們將不知自己從何而來，往哪兒去。

奮鬥

不能加分的人生

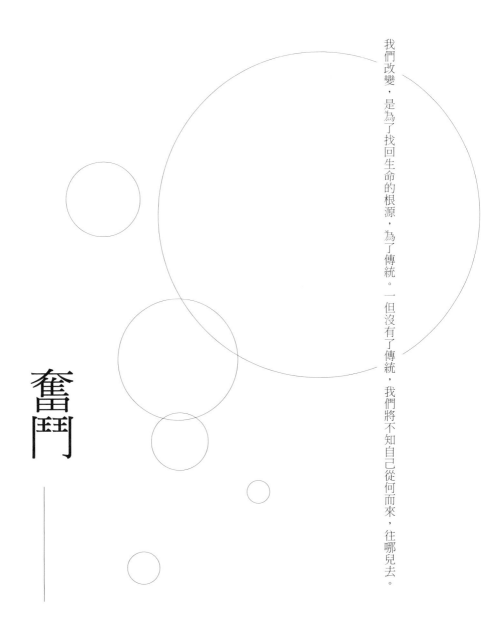

二〇二〇年年初，我剛從行政院發言人轉任總統府發言人。那時候，兩老還可行動自如，在北上到醫院前，因為我的邀請，他們來到我在總統府的辦公室。

父親一如往常，穿戴整齊，黑色西裝褲與白襯衫，白襯衫外一件圓領深藍色針織衫，他習慣把領子拉挺放在針織衫外，最外層是一件卡其色短大衣。母親全黑的裙裝外也特意戴上久違的珍珠項鍊。經過憲兵站崗的層層關卡與敬禮，兩老顯得有點不自在，不知如何應對。要點頭嗎？要回敬禮嗎？要笑嗎？還是不笑？他們感到緊張但新鮮，就這樣小心翼翼且彬彬有禮地緩步進入我辦公室。

現在的總統府是日本人蓋的建築，是百年古蹟，在我的祖父Maro，出生後一年（一九一二年）開始動工，祖父八歲那一年（一九一九年）竣工。這棟建築曾經在二次大戰期間、父親二十歲那一年（一九四五年）遭到美軍空襲，歷經戰火摧殘，挺立到現在。父親鐵定沒有想過自己的女兒有一天會在這棟建築裡面上班。我就帶著兩老隨著原有建築的水平動線移動，沿著環繞中庭的走廊走著。

進入我辦公室之後，我打開後門，就能直接看見建築後方的迴廊。若走到迴廊的女兒牆邊，看見的就是總統府正後方的街景。府內少有人會開門走建築外側的迴廊，但我喜歡開門曬太陽，在那一側辦公的人似乎只有我這樣做。我跟兩老說，開門通到後方陽台，可以避開前方的迴廊，直接從後面的迴廊走到廁所與茶水間，這是屬於我的日常動線。

我繼續介紹著，告訴他們因為我不喜歡開冷氣，打開後門就可清爽通風，尤其春末夏初可引進自然風，微風徐徐吹來時，掛在門上的風鈴會被吹響，相當柔和溫暖。我煞有介事地向他們揭露我在辦公室的祕密基地，還說這建築物外緣的迴廊通道，是我辛苦討生活之餘的小確幸……云云。

「總統跟副總統也進來這裡看過喔！」我繼續像房仲業者般卯足全力介紹我那一方不到十五坪的辦公空間，希望讓他們覺得價值連城不虛此行。

儘管我努力介紹著辦公室所在的方位與對外的通道，母親順著我來回比劃的方向背誦，但對她來說，這樣東比西指根本無法幫助她記得一切，太吃力了。坦白說，連我自己到總統府之後也經常迷路，起初還曾因為找不到會議室而開會遲到幾次。

我極差的空間感，恐怕是遺傳自母親，但對她來說，她不是來記憶這些通道，因為她也不用再來一次，她只要知道這是女兒上班的地方，來看過，就安心了。

而對父親來說，不管是角隅「塔樓」「牛眼窗」「燈籠窗」「八角亭」「橫帶裝飾」「多立克柱式柱頭」，或建築物的中央塔、角塔、衛塔等立面的完美比例……都不是他視線畫出的重點。才一進我的辦公室，父親一眼就看見放在我座位後方一張我的祖母、也就是他的母親的照片。

我的座位後方的矮櫃上，放了一顆來自花蓮的石頭，石頭旁邊是一張祖母的照片。照片上的她坐在一台米信（阿美語借自日文的外來語，即「裁縫車」之意）前縫製衣服，地點在部落老家的牆外，牆是由竹編而成，她正對著鏡頭微笑。這張照片一直跟著我，不管在電視台、桃園市政府、立法院、行政院，或總統府的辦公室，不管到哪裡，都會把祖母放在我的背後。

父親一進來，就指著祖母的相片說：「阿嬤陪妳上班。」

我與父母親就在我辦公室，在阿嬤的看顧之下，閒聊著。他心有所感地說：「沒想到有這麼一天！」父親總是喜歡公開大剌剌地對親友讚美我，說他自我小時候起從不逼我讀書，是我自愛、自立，考上台中女中、東海大學碩士畢業，後來當主播、當局長、當立委、當發言人……云云。我的職業生涯發展至今，當然是因為許多貴人相助，這自然不在話下，我內心對貴人們充滿感激，父親也是。但作為一個完全沒有任何政治、經濟背景的普通家族的後代，他同時也會如數家珍向親友介紹我僅有的學經歷，他最愛跟人說的就是：「她都是靠自己。」

他的目的不在炫耀，因為那是他最不會做的事。他其實是想告訴大家，對我們來說，那個過程是辛苦的，是需要努力，不是白白得來的。

跨越藩籬

很多人對原住民的刻板印象之一，就是「原住民都靠加分」。但我沒有加過分。父親那個年代沒有，我也沒有。每次有人帶著惡意挑釁地問起，我說沒有，絕大多數的人都很意外。其實沒有什麼好意外，人生本來就無法加分。

我還記得，高中聯考放榜那一天，我一如自己預期考上了中部的女校「台中女中」，這是一間被大部分師生家長認定的第一志願。

放榜這天剛好是父親的生日，母親煮了一桌父親愛吃的魚、麵、野菜，要我保密，說等爸爸下班回來後，要我把考上第一志願的好消息當作生日禮物。

其實我從來不曾念過什麼明星學校，父母也沒有閒錢讓我去學才藝或補習。從小隨父母的工作遷移，租過很多地方住，適應不同的環境、跟不同的鄰居小朋友打交道，就是我的才藝。國小一年級以後，我隨父母住在當年台中縣的鄉下，去國小讀書靠走路，到國中就靠騎腳踏車，每天騎四公里腳踏車去上學，放學後又騎四公里回家。上學的時候是下坡，回家可就一路上坡了。整整四公里，每天回程時，最大的樂趣就是跟同方向的同學挑戰如何腳不觸地一路上坡衝回家，只要辦得到，一整晚就很開心，等待明天回家時再騎一次，日復一日。

我並非來自赤貧的家庭，但的確沒有獨立的書房，讀書的空間也很變化多端，有時候在媽媽的梳妝台，有時候在樓梯間的小書桌，有時候是晚餐後，媽媽把碗盤收走之後，在那張圓圓的餐桌上準備考試。當時還小的弟弟經常在我身邊跑來跑去玩耍、吵架、嬉鬧。國中就這樣過了三年，然後硬著頭皮去考聯考。我的父親沒有預期我會考上當時的第一志願。

當屋子裡已經瀰漫著飯菜香，他一如往常，下班回來，依然像在生產線上一般動作著——先走到衣架前換下工廠制服、走到廁所洗手、走到冰箱前開一瓶啤酒、看我擺好碗筷後就走到餐桌邊坐下。禱告後，他感謝媽媽為他煮了一桌生日餐，我終於等到了最好的時機，以迅雷不及掩耳的速度跟他說：「爸，我考上台中女中了。」

他驚訝地看著我：「今天放榜嗎？」問了幾次，然後他重複著我講的話，不敢置信的樣子。

過去他總是檢查我的成績單，嚴肅地要我考好，若還有力氣多唸我兩句，便講一堆人生大道理，還說考上第一志願就好辦，若不認真考不上，我的人生就跌落谷底，隨便我自己……云云，說得挺不在意。但他此刻卻驚訝的看著我。

不到幾秒鐘的時間他回過神，然後握住我的雙手，說：「不簡單哪！不簡單哪！」我很意外，這是我有記憶以來，第一次看到他流下眼淚。

我當時倒是相當冷靜，因為不知道考上台中女中竟然可以逼出爸爸的眼淚。當時我無法理解，為何我的成績單威力如此強大，然後就高興的吃著晚餐，隨後跟父母聊著，台中女中的地址在哪裡，以後要怎麼上學，原來中女的制服也是綠色的……

用教育翻轉人生

不管是我的祖父、父親，都深信只有讀書才能翻轉我們這種人的人生。父親半工半讀，度過了他的青年時期，沒有一天是可以白白活下去的。這個社會存在著一種權力的形式，有的權力直接在你面前賣弄操控人，有的權力被隱藏在幕後，但他們是絕對的存在，是一種對低下者、貧窮者、低學歷者、異文化者、無法流利說中文者極度沉重的控制。在父親的人生中，他始終極力擺脫那種控制，不只是因為那種價值觀根本沒有愛，那魔一樣的權力形式在人世間帶來太多隔閡。所以他畢生都希望自己能讀完書，也希望孩子們能讀好書。

但父親也從未絞盡腦汁要讓自己受到歡迎，或讓自己的子女被眾人喜愛，當他年紀愈來愈大，他開始放手，讓子女依照自己的步調前進，不認為兒女要做他認為該做的事。我認為這是他與子女之間，所建立最誠懇的信任關係。

在我們逐漸長大的過程中，父親想要與我們重建一種親密感，一種感同身受的步調，因為我們在乎彼此。所以即便在沒有愛的情境中，他選擇先主動把愛放進去，讓我們溫暖。信任我們不會做傻事，由我們自己做決定，最後無論如何，他都會讚美我們所做的決定。我們若成功了，他會大方地分享我們的喜悅，我們若失敗了，他會冷靜地安慰並解決我們的問題。

不能加分的考試

念完高中，就要考大學了。當年的大學聯考，若有任何考生擁有「特殊考生」的身分，也想以「特殊身分」參加考試，可以跟老師要求領取特殊考生報名表，若沒有領表，老師會給你一般生的報名表。

我就是一個以「一般生」身分參加大學聯考的學生。坊間很多人提到「加分」，幾乎都是去脈絡化的刻板印象。

記得剛入學時，我想加入原住民學生專屬的社團，所以經過幾天，百般打聽，透過學校一位以非原民學生組成的「山地服務社」的社長，打聽到校園內的確有一個由原住民學生組成的社團。東問西問，終於讓我找到負責主持的學長。

學長萬萬沒想到，竟然有人自己找上門，他半開玩笑地說：「我註冊那一天就去教務處找學弟妹，怎麼沒有看到妳？妳沒有加分？這個學妹很驕傲喔！」我聽了才知道，原來大學註冊第一天，原住民籍的學長姊就在招募原民生學弟妹參加社團，但是由於我沒有在「特種身分考生」的名單中，學長找不到我。

回溯特殊身分學生加分的歷史，其來有自。一九五〇年代，政府為了遂行漢化目的，並為革除「日語」，陸續針對「邊疆生」「蒙藏生」「山地生」提出升學加分優惠政策。在我讀書的年代，大多數的原民家庭依然艱苦，所以有些家庭不得不接受自己的孩子被降低錄取標準，好進入大學就讀，一心想翻轉被不公平的階級制度控制的命運。

但從完全聽不懂華語的孩子，突然快速且大量被吸納進入講華語的教育體系之後，想要升學就必須要用華語文參加考試，上學、工作的環境毫無講族語的環境，獨尊華語的風潮進入高峰，我們也都跟大家一樣被要求「禁說方言」，這也導致各族族語大量流失。

實際上數十年來，台灣原住民族語的確已面臨瀕死的命運，此項政策的確是幫兇之一。如果這一代三、四十歲的青年父母已經不會講族語，他們的孩子當然不會講族語。

到了我已經畢業、出社會的二〇〇〇年以後，原民人口經過四十年的遷移與都市化，原民籍的學者、專家、政治人物開始思考，若學習族語的環境如此貧瘠，應該將原本的加分制度轉型，讓它成為拯救瀕死語言的手段之一。因此，從二〇〇六年開始，已經把華語當成第一語言的原民生，若想要在大考中加分，必須先通過族語認證考試，這是比「一般生」花更多時間學習、更嚴格的自我要求，這項制度沿用到今，也是一個民族力求民族生命延續不得不的做法。

若了解這些歷史脈絡，就該體認到，任何「原住民都靠加分」的論調，都是惡意的攻擊，是當今文憑市場最殘忍的競爭行為，最錯誤的教育話術——不但讓孩子與同儕之間反目成仇，還用貶低別人家孩子智能的手段，合理化自己（或孩子）可能要面臨的失敗。

在大學聯考後，我放棄了很多人覺得好棒棒的法律系、外文系，選擇了當時沒有人知道到底在讀什麼的「社會學系」。母親當時不太能理解，為何放著有「鐵飯碗」保障的「師專」「師範」不讀，相當憂慮。父親倒是一派輕鬆，志願隨便我填，我到現在還是不知道為什麼他那麼大方，我認為可能是他也開始學習信任孩子，我也順勢使用了我自由的權利。

我認為從這個階段開始，父親對我的人生規劃，便開始慢慢放手。他發現孩子與他不同，孩子不用做跟父母一樣的工作，因為世界不同了。如果價值不同了，我們要如何繼續追求過時的價值？當父母的怎麼可以以為自己是完美的？如果孩子失敗了，就讓他／她自己站起來。唯一需要提醒的，就是絕對不要失去對生命的樂趣。

「還我土地」街頭運動

一九九〇年代不但是戒、解嚴前後的年代，也是台灣社會百花齊放的年代，更是我智識啟蒙的年代——一個學著打破社會的框架、勇敢飛揚的年代。老師大膽地告訴我們：你們的實習課不是在教室，而是在街頭。因此當時的我們對於女權、同志、勞工議題無不感興趣，馬克思主義、共產黨宣言、後現代理論、政治經濟學根本就是基本功，哲學、倫理學、歷史、思想史、文化人類學、心理學無不研究。

於是我從一九九二年開始，加入了各種運動，例如在一九九三年擔任史上第三次「還我土地運動」的糾察隊，跟學長姊一起往台北衝。

為什麼要「還我土地」？

因為台灣或蘭嶼的原住民族人千百年來居住在此，到了四百多年前開始有中國來的漢族移入，原民土地陸續被入侵。第二次世界大戰後，抵達台灣的國民政府，延續了日本殖民政策，為了方便管理，將原住民族的生活領域，強劃在二十四萬公頃的「山地保留地」範圍內，許多土地被國家以重大政策需求，強制徵收為「國有」「省有」「縣有」「退輔會」「國家公園」「台電」「台糖」等等。以上這些歷史，我們的課本從來沒教過，但卻是不公不義的史實，自然會讓有機會念大學的原民生，在政治上啟蒙之後，甘願成為亡命之徒，把一切都拋在腦後，內心燃起「還我土地」的火苗。

當時原運團體的運動策略相當縝密，在發動運動前，一定先巡迴全國宣講、號召、動員，尤其會到校園內爭取原民大專生的認同。我在教會聽講多次，星星之火早已燃起。

一九九三年十二月十日，世界人權日，也是我在東海大學社會學系念大二的這一年，當原權團體再度以「反侵占、爭生存、還我土地」為口號發動第三次「還我土地」大遊行，我在學長的一聲令下，就跳上遊覽車，從台中東海大學坐到台北市台灣大學正門口，跟來自全國的原住民族人集合。

這一天我抵達後，我所在的台大正門是隊伍的最末端，若從新生南路大門口往北的和平東路方向放眼望去，超過千名原住民族集結，標語、口號、大聲公、布條全上身，為了爭取共同的土地權而大集合。

這是我人生中第一次見到千名原住民同時出現在一個現場的場面，上千名憤怒的原住民族人已經蓄勢待發。若以當時官方公布的原民人口三十三萬人數計算，這一天平均每一百六十五名原住民就有一人上街頭，是後續各項原民運動至今不曾再出現的比例。

對於「土地就是母親」「土地就是生命」的呼喚，我們這些受過教育的原住民學生無法不回應。

由於一九八九年第二次「還我土地」運動曾發生嚴重的肢體衝突，因此到了一九九三年的第三次「還我土地」運動，依然編制了糾察隊。我成為糾察隊的一員。從台大校門口集合開始，我在頭上綁上「反侵占、爭生存、還我土地」布條，學長遞了一根比我還高的木棍要我「維持秩序」。

當年的遊行，行經台北市各路口，還是會有人罵你「吵死人了！」「不要亂了！」所以需要糾察隊，畫出遊行區與行人區，在必要的時候，我們會對不耐煩罵著我們的台北市民說：「如果你們歡呼認同，我們謝謝你」，以免遊行隊伍與行人衝突，也要避免任何形式的意外發生。

在前幾次運動中，「糾察隊」在人群跟警方衝突時，曾經有被打到頭破血流的紀錄。所以我拿著長棍走在人群邊緣，格外小心。

為改變而奮鬥

從台大出發，行經新生南路，不同梯次高舉不同標語，我看見有布條用屬於我們的阿美語書寫「Pa tikuruy koya saka o'rip a sera niyam（還我土地）」，隊伍內的人，跟隨宣傳車上的講者，來回喊著不同的口號，吟唱不同的歌謠。宣講者有牧師、有頭目、有領隊，時而強硬、時而感人、時而激勵人。

那些以族語和漢語摻雜的論述，像詩一般烙印在我們下一代的腦海中：

「我們是和平的民族，幾千年以來，我們和平的，容忍的，老老實實的，安分的，配合你們，今天，我們用最理性，最和平的方式，來跟你們收回我們本來擁有的土地。」

「希望鎮暴部隊知道，原住民是台灣的主人！原住民是有尊嚴的人！」

「土地要立法！」

「土地就是生命！」

「耶穌基督被釘在十字架上了，祂這麼勇敢地被釘，你勇敢了嗎？你勇敢了嗎？上帝的血流了，但是我們有沒有為我們同胞的血流啊！我們害怕，我們害怕這個被釘十字架的事情。你的信仰告訴你，你要在哪裡！」

已經走到立法院前，遊行群眾因為不滿立法院大門深鎖，情緒高昂的擠破立法院鐵門。沒想到人還在立法院，又聽見當年的行政院長連戰也不願意接見請願代表，於是又轉往行政院抗議，終於在行政院前方的忠孝東路與中山南路口被警方擋下，對峙。

當年這種打游擊戰式的千人運動，是台灣民主歷史上空前的。遊行隊伍在申請集會時間之後仍久久不散，警方三度舉牌警告遊行違法，雙方對峙直到晚間十一點，人潮才逐漸散去。

我們為什麼要奮鬥？參與這些運動、在街上喊口號，不會讓我們畢業後有穩定的工作薪水。任何形式的奮鬥，都是為了改變，但人生最困難的就是改變。我們改變，是為了找回生命的根源，為了傳統。一旦沒有了傳統，我們將不知自己從何而來，往哪兒去。我們並非死守陳舊思想並食古不化的人，但走上街頭，是為了成為被傳統啟發、獲得解放，且勇敢往前的人。

這就是我在那幾年的洗禮，也是父親放手給我的自由。

不能加分的人生

父親的放手，讓我充分發揮，感覺就像把太緊的鞋脫了，但也開始親身體會，沒有什麼是可以白白得到的。唯有拒絕社會對你的扭曲，面對自己身處的絕境，靠自己的奮鬥，才可以得到真正的自由。

如果任何的努力，都是為了生存，那麼任何一種形式的奮鬥，就是攸關生死存亡的奮戰，都要認真對待。生命本來就是一連串的掙扎和奮鬥，我們在父母身上所學到最簡單的道理：我們的人生不能加分。但同時，在我們內心，永遠心存感激。不論最後掙來的是什麼，即便是冒生命危險爭取來的，即便來到你手中的只剩下一點點，都是珍貴的，都要感謝天。

父親在我的辦公室，走到我的座位旁，他說他想坐在我的座位上，跟阿嬤的照片合照。此時，掛在後陽台的風鈴輕輕響起，真是再平常不過的一個上午，父親與我共同擁有了這一刻。有哪一個片刻、哪一對父女不是如此？我那天很高興。

感謝父親來過了。

我來自會戴「花帽」的民族，但不能因此把我當成「花瓶」。

挑戰

花帽與花瓶

其實，在行政院二〇二〇年五月改組時，很多人（包括媒體）熱情地幫我「找工作」，大家逕自替我挑出來的首選就是「原住民族委員會」主委的職位，也認定我一定會以此為理由爭取留在內閣中。

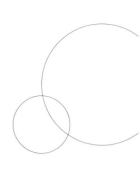

我總是反問對方、也問自己：為什麼只有「原民」這個或「原民」那個……的選擇？對方的反應不一。有的人如開眼界般認為我不但講的對而且很猛，狂點頭支持我大膽的想法；大多數人會顯

現出被冒犯的感覺，並進一步要我闡明原因。

但當我嘗試著打開心房，解釋我對這個社會與國家的期待，希望不要以我的種族別對我個人設限，期許大家看看我的所學所長，讓我在對的位置對國家社會做出有利的貢獻，並希望對方不要覺得我對於公平機會的追求過於天真爛漫，請聽我把話講完……。

大部分的反應是沉默的。在那些尷尬的沉默中，我有時不禁會在內心自問：我屬於這裡嗎？

跨越種族的歧視

不管是不是在政治圈，都會遇到這種狀況。多半，聽見我反應的人會質疑：「那妳到底想（會）做什麼？」我嘗試翻譯那些人內心的OS：「給妳這些已經夠好了，別再貪得無厭！」

另外一種常見的公開指控就是「難道妳不想為原住民做事？」「妳要背叛原住民？」「妳看不起原住民？」當眾人想要競爭有限資源，最快速又廉價的手段，就是毫不猶豫給我扣上「叛徒」的帽子。

但其實我學的是社會學，論文寫的是企業裡的組織行為，翻譯的書有財經、心理與文化理論，當過記者、主播，也當過地方政府的局長、立法委員，及中央政府的內閣成員，尤其對外交事務與國家經濟安全有高度興趣。我想問，能不能有其他出路，讓我對社會有所貢獻，也讓更多剛好也有原民身分的人，因為看見我，而真的願意相信，我們在這個社會上的確有無限可能。誰說只有做「原民」相關的工作，才能對原民有幫助？

對方通常會沉默，我不確定他／她有沒有聽懂我的話，或者覺得我的天真指數已達到五星級幾近愚蠢的程度。但我通常還是大剌刺地帶著大不了明天就沒工作做的心情，大膽跟人告白。

種族歧視是跨種族的。這種充滿敵意的競爭／分類手段，有時來自原民本身，有些來自非原民。都有。

我主張，原住民族整體的進步，必須立基於多元人力的培養。除了要開放更多人加入現行愈來愈成熟的原住民族行政體系（例如在中央政府有「原民會」，在地方政府有縣市的「原民局」「原民處」），累積行政資源。同時我們還需要累積更多在農業、交通、水利、土木、司法、警政、經濟、產業、軍事與外交的知識與人才。我們需要的是對外拓展，不是對內競爭。培養多元的人才，不只對原住民族整體提升有助益，也可推動我們的國家往前進步。

一八三七年美國廢奴主義社會學家格莉姆克（Sarah Grimke）說：「我從未要求特殊禮遇，但求我的弟兄們別把腳踩在我們的脖子上。」這的確也是我的心情。

多年來在我的工作場合，通常男性居多，九成以上的機會我都是唯一的女性，長髮、穿裙子、高跟鞋，當然也是唯一使用非漢姓名的與會者。參加餐會或大小會議，名牌上會有我的名字，有時寫對，有時寫錯。例如有的寫「Kolas TOYOTA（豐田汽車？）」「Kusla（酷斯拉？）」「谷辣斯尤達（星際大戰的尤達大師？）」。不是少了前面或後面的字母，就是左右字母顛倒，排列組合的錯誤選擇很多。

但我已經被訓練到可以忍受任何一種錯誤排列的名牌。只要看到拼錯姓名的名牌就知道是我的位子，就坐下去。因為我寧願相信大家沒有惡意，也不是故意。

坐在同一張桌子，有人講話自然不會看我，有的以為我是負責倒茶端菜的祕書或貼身管家，有時請我幫忙照相，有時他們會憐憫地替我感到尷尬，有的擔心若點我講話我可能會緊張到哭出來。我就像被分配到一個以種族與性別畫出來的泡泡裡，如果第一時間想不到適合跟我說的話題，就把我放在那裡，期待我可以安靜地有如玻璃花瓶。

「妳是女人，也是一個原住民，真的很不容易。這有什麼錯嗎？」父親經常這樣評論。

戴花帽的民族

我來自會戴「花帽」的民族，但不能因此把我當成「花瓶」。

我是都市裡移民的第二代，但凡是遇到祭典、重大儀式，一直到現在，阿美族女性的盛裝，一定要戴上花帽。這是一頂龐大、閃亮的頭飾，其中恰如其分地配置了大量白色羽毛、亮片、流蘇與串珠。誇大的白色、紅色、黑色、綠色與寶藍色高調地發光著，我們到現在還戴著。花帽是身體的一部分，沒有戴上花帽，不是完整的人，不能進入圓圈與階級中圍舞。花帽成為很多西部人對東部「原住民」的印象。花帽的確是阿美人的象徵，代表我的身分。

祖母的花帽

有一天我回部落，小姑姑拿出一頂羽飾稀疏泛黃的花帽。那是一頂舊到不能再舊的花帽，是用最普通的、晾衣服的塑膠衣架當骨架做成的拱形花帽，像一排彩虹般橫跨在太陽穴兩邊，因年代久遠，輕輕一拍羽毛就要掉光。拱形下緣剛好位於耳朵旁的位置，一整排的流蘇也有部分已脫落，並排的銀白色串珠也稀稀疏疏。唯獨一大朵一大朵豔麗的花，因為是用各式各樣顏色的塑膠吸管剪開攤平後編出來的彩色花朵，依然牢牢地縫在花帽前方，在陽光下反光，與泛黃稀疏的羽毛對比，在額頭前格外閃亮。

小姑姑把它遞給我：「妳看，這是阿嬤的花帽，已經六十幾年了！」

一頂祖母Kolas在六十幾年前親手打造的花帽，不預期地出現在眼前，有阿嬤親手把吸管剪開貼成的塑膠花，也有她親手把花朵固定在花帽上的縫線。

我忍不住上前端詳，小心翼翼地撫摸羽毛，就怕它們因年代久遠就任性地飛散並消失在空氣中。我看著它，忍不住想像祖母戴著它跳過舞、唱過歌的樣子。祖母那纖細修長的小腿與腳掌，會模仿哪一種鳥類而踩踏出什麼舞步？她的臉龐會往哪座山的方向重複轉動，才能讓那些流蘇在耳邊與臉頰間來回拍打如秀姑巒溪的波浪，還發出清脆的聲響？

雖然已經是古董了，但我實在忍不住，於是用雙手捧起祖母的花帽，把它水平地端在我的臉前方，然後慢慢地像髮箍一樣，從臉的前方向上推九十度。這頂超過六十年歷史的花帽，正牢牢地卡在我的頭頂上。

阿美族女人的花帽是丟不掉的。就算我到了總統府上班，也不可能丟掉。那是我身體的一部分，是我的身分。但這樣的身分，不代表我是一個只能主持抽獎摸彩的同樂會、只能重複背誦新聞稿、不能談國家大事的女人。

有些人發現，唯有裝得很空洞，才能討好全世界，那的確是一種安全且保證成功的做法，但我實在替他們感到不捨與難過。那不是我的風格。我只擔心自己一有閃失，將對不起所有原住民的女性。

這是沉重的負擔，也是每個受過教育的原民知識份子無法擺脫的責任。

拒絕「被花瓶」

父親從來不曾刻意表現自己是原民。我們在外跟別人穿的一樣，說的一樣，要講華語就跟別人講的一樣，要講客語就跟別人講的一樣，學講日語就跟別人講的一樣，要講英語也跟別人講的一樣，因為希望求學機會也一樣，工作機會也一樣。一切努力都是希望與台灣其他人一樣，在社會上立足。原民的身分不該是這個國家的負擔，也不該是裝飾品。

我每天走進走出總統府，府內、府外有憲兵四處站崗巡邏。我從來不曾與他們攀談干擾他們執勤，尤其疫情期間，大家保持社交距離，戴著口罩。但光是只露出一雙眼睛，從一對對明亮、偌大的眼神、膚色，我就知道口罩下那張面孔，必然是原住民族籍的軍人，是我們的孩子。「發言人好！」有些人認得我，知道我跟他們是一樣的人，大聲向我敬禮，我也必然大聲問好回禮。

我一個人「坐」在辦公室裡，他們一群人「站」在辦公室外。有時不免想像，如果在政府、軍隊、學校、工地、醫院、職棒球場……，這「坐」與「站」的人口比例對換，會是什麼情景？

有一個數字，我先提出來，這是有助於各位繼續讀下去的背景——截至目前，全國原住民族人口僅占全國人口的二・五％。再來看看以下這些數字：

全國警察人口中，有三・二％為原住民，但原住民族擔任警官的比例僅〇・〇四％。

全國投入志願役的原住民籍軍人比例高達九・一七％，特種部隊原住民籍軍人比例高達六〇％，其中原住民族軍官僅占二・四％。有權利接受國家退輔安置的原住民軍官少得不成比例。

大家愛看的中華職棒總共六支隊伍，總計原住民族球員比例將近五〇%，每兩個職棒球員就有一人是原住民。但過去三十幾年，原住民籍的總教練只有兩位，剛好來自我的故鄉花蓮，一位是王光輝，一位是黃忠義。比例低到用一個手指頭也算不出來。

全國共五百一十三所高中，只有四名原住民族高中校長。全國共一百五十二所大學，沒有一位原住民族大學校長。我還可以繼續算下去。

你可能會說：「妳在講什麼東西？台灣社會對你們還不夠好嗎？妳不是好好的站在這裡嗎？」

如果有任何人認為我的擔憂不存在，那麼應該要留意，很可能那是因為你認為原住民本來就比較低下，所以你給的已經算很多了，現況已經很好了，當然就不存在歧視的問題。但光是我，看起來已經是相對具有競爭力的人，都還必須用比別人多好幾倍的力氣，才能跟別人說「我跟你們一樣」。更別說很多人會因為種種麻煩，不想當原住民，想隱藏自己。

種族歧視不是只發生在美國，或在電影中，它是真實存在的。但它不只對原民帶來傷害，對整體台灣社會都帶來傷害。如果有任何國家認為它根本不存在，那麼這個國家就還沒為消除歷史性、系統性的種族主義做好準備。

例如：我們將無法解決台灣偏遠地區人民貧窮、平均餘命低落、偏遠交通建設落後的問題，這會導致全國面臨區域無法平衡發展的困境。也會因為對華人、白人地區較重視，過度忽略同樣具有玻里尼西亞血統的台灣原住民族與太平洋、東南亞地區的連結，導致外交與經濟策略失準。更無法建立一個健全、美麗、多語言、多民族的文化強國。

不認同我們的根源，導致國家認同軟弱，會是台灣跨種族人民要面對的共同問題。

紳士「番仔」

我依然記得，在我高一那一年，原本與祖父同住的大伯因車禍過世，於是還在台中就業的父親開車前往花蓮，把祖父接到台中與我們一家人同住。台中的家有鄰居，鄰居都講台語，我也是在那時才開始學台語。祖父開始與我們生活，要重新找出在都市裡生活的節奏：早上起床散步、澆花、養雞、種玉米，中午雨天過後到鄰近的竹園採野菜撿蝸牛，或在春天的下午帶著佩刀砍箭筍加菜，晚間就坐在房裡的榻榻米上看電視或聽廣播棒球賽。

有一天祖父一如往常早起，在門口又澆花、又種辣椒與九層塔，遇到也一樣早起的對門鄰居。鄰居沒看過祖父，認為是陌生的面孔，開始用台語滔滔不絕對祖父講話。

祖父是從日本時代就受過教育、多禮、客氣的紳士，但他的第一語言是阿美語，第二語言是日語，第三語言是華語，他聽不懂台語。他尷尬地站著。

我猜他當時心裡可能想著，若任憑對方滔滔不絕自言自語下去，實在不好意思，於是他跟對方揮揮手，尷尬但禮貌地用他僅有的憋腳台語解釋：「我是番仔，聽無。」

對方露出尷尬的笑容，當然對話就終止了。

祖父當然不會自我歧視，但他以為當時用台語形容Pangcah（阿美人）只有一個詞，就是「番仔」，因為當時很多人都這樣說。

我原本穿著中女的綠色制服，拉起書包，掛在高昂的肩膀上，穿上我的黑色皮鞋正要出門上學。但門一開，看到這一幕，我肩膀一沉，放慢腳步，安靜地、像洩了氣一般走到祖父身邊。此時鄰居已轉身離開，祖父則繼續澆著花，然後跟往常一樣，抽出送報生塞在信箱的報紙，在院子裡的藤椅坐下，掏出左胸前口袋裡的老花眼鏡，翹起二郎腿，開始一頁、一頁地讀報。他對今天台灣的政治、經濟、體育新聞很感興趣，會讀漢字，比大部分鄰居懂的還多，就跟其他受教育的台灣人沒兩樣。

但即便如此，這樣的他還是「番仔」，穿著小綠綠制服的我也依然是「番仔」。

「阿公，学校に行く，」我用日文跟祖父說我要上學了。

「はい，さようなら！」祖父跟我說再見。

「さようなら！」我也跟祖父說再見。

剛剛那一幕深深刻印在我的腦海，讓我產生一種莫名的哀傷與困惑，但也成為我的動力，想要為我們的地位尋找答案。

到了今天，我若尚且可擁有一小方立足之地，代表台灣充滿無限可能。因為幾十年來，有許多相同理念的前輩、戰友，不管是原民或非原民，為公平正義的台灣而努力。我們原本就該是超越種族的。我跟大家一樣，是人生父母養的女兒，是人家的姊姊，是人家的妹妹，也是台灣的國民。感謝幫助過我的朋友、老師與長官，是他們的勇敢與信任，讓我很自在。

祖母的叮嚀

阿美族是母系社會，財產傳女，但長輩說，傳統祭師（sikawasay）所具有介於人、神之間為兩造溝通的能力，也會傳女。我的曾曾祖母Nakaw是祭師，曾祖母Dongi是祭師，一位表姑Panay也擁有這種能力。

就在父親過世後，有一天，姑姑Panay說，我的祖母Kolas要轉達我以下訊息：

「Kolas，我的孫，感謝妳。
這是妳任務，
要注意身體健康。
Kolas，祖先跟祖靈會幫助妳，妳要使出妳的力量全力以赴，
不要害怕恐懼，不能有壞念頭，不要亂來，心念要正，
是對的路，對的方向，就勇往直前。
這是阿嬤對妳的叮嚀，也是我對妳強化的心意，
不要恐懼害怕，如果這個是對的路，就一定要勇往直前。
使出妳的力量，不要害怕；
有人會幫助妳，不要害怕。
阿嬤在！
如果有空找姑姑Panay，她會幫助妳，要相信自己的心。
這是阿嬤的交代。

要注意身體的健康！」

小姑姑用了好幾天的時間，修復了那頂祖母在六十幾年前親手縫製的花帽。在掉毛處補上新的羽毛，在空缺處補上流蘇和串珠，重現祖母當年花帽的模樣。小姑姑把祖母的花帽遞給我，說它該屬於我，要我好好保存。我再次把花帽推上我的頭頂，戴上它之後，那曾經是祖母身體的一部分，如今也成為我身體的一部分。

祖母把她的血脈傳給了父親，父親把他的血脈傳給了我，這一條永不中斷的線，把我們全家人綁在一起，也把我們民族的認同與這塊土地綁在一起。我們已經當了幾千年的台灣人，我們哪裡也去不了，哪裡也不會去，配戴花帽的民族，會一直守在這裡。

跨越

我不是你的「番仔」

我依然幻想，種族別不該是社會限制我的理由，我也要求自己，絕不拿種族別當成不再努力的藉口。

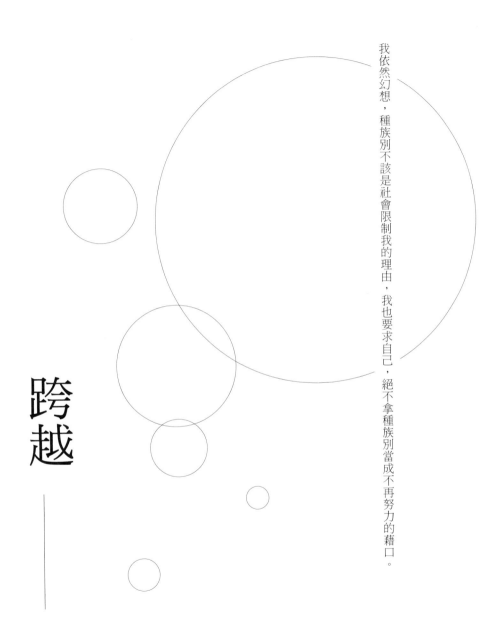

在都市裡會遇到很多狗屁倒灶之事，父親知道，我也知道。二〇二一年十一月十三日，父親追思彌撒的這一天，正巧遇到台灣歷史性公投的首次辯論會。

由於父親生前堅持要我們以快速、簡便、低調的方式辦理他的後事，除了我們一家人，再沒有任何人知道他過世。

我們在三天之內火化，隔天就安置在墓園。安座後的第十天，唯一一個對父親與母親的兄弟姊妹宣布他過世的儀式，就是一台為他舉行的追思彌撒。那是我們所應盡的告知義務。可想而知，對許多父親、母親的兄弟姊妹來說，在接到追思彌撒邀請的同時，才得知父親過世的噩耗，莫不震驚悲痛。我們與母親在那一天主要的任務，就是盡力安慰他們自己的兄弟姊妹。

大約中午過後，我才送走眼淚還止不住的長輩，包括父親肝腸寸斷的親兄弟姊妹，正從天主堂要回家的路上，就接到朋友急忙報訊說：「黃士修說妳『臨陣脫逃』，還唸錯妳的名字……」原來此刻公投辯論會剛剛展開，正在全國轉播中，主張重啟核四公投的領銜人黃士修在辯論一開始，就指稱我刻意不出席辯論會，稱我為「臨陣脫逃」「原民叛徒」……。當然這一切根本胡扯。

突然覺得，一切都好陌生。政治到底跟這個國家裡的每一個人，有什麼關係？電視裡口沫橫飛的攻擊手，跟正在街上奔馳的計程車司機、每天精算時薪的加油站員工、擔心疫情影響買氣的夜市攤販、憂心米價太低的米農，或正面臨電腦病毒攻擊的工程師、煩惱如何登錄教學歷程的學生、向政府陳情取得執照的街頭藝人，或正面臨父喪的喪家……，到底有什麼關係？跟「原民叛徒」有什麼關係？

在當下覺得：已・經・沒・有・關・係。那一刻，任何冷嘲熱諷、無理取鬧、扭曲造謠、人身攻擊，都比不上硬生生失去我摯愛的父親還痛。當下實在沒有心情搭理。政治的秀場，如果只剩殘忍冷酷的劇本，自然容不下理性的溫度與美好的結局。

溫馴如鴿、機警如蛇

我擔任公職以來，父親每每耳提面命，不厭其煩地諄諄教誨「溫馴如鴿，機警如蛇」。這是一段出自《聖經・瑪竇福音》第十章十六至二十三節的話。當時，耶穌正要派遣他的門徒到各地去傳揚福音：

「那時候，耶穌對他的門徒說：『看，我派遣你們好像羊進入狼群中，所以你們要機警如同蛇，純樸如同鴿子。你們要提防世人，因為他們要把你們交給公議會，要在他們的會堂裏鞭打你們；並且你們要為我的緣故，被帶到總督和君王前，對他們和外邦人作證。當人把你們交出時，你們不要思慮：怎麼說，或說什麼，因為在那時刻，自會賜給你們應說什麼。因為說話的不是你們，而是你們父的聖神在你們內說話。弟兄要將弟兄，父親要將兒子置於死地，兒女也要起來反對父母，要將他們害死。你們為了我的名字，要為眾人所惱恨；唯獨堅持到底的，才可得救。但是，幾時人們在這城迫害你們，你們就逃往另一城去；我實在告訴你們：直到人子來到時，你們還未走完以色列的城邑。』」

這幾年來，每次我要離開家北返之前，父親不斷重複在我耳邊叮嚀的，就是「溫馴如鴿、機警如蛇」八個字。他要我牢牢記在腦中，像我們這樣的人，在政治的路上：不驕傲、不炫耀、不強求、但也不怯懦。

都市裡的玻璃天花板

父親自大學時代，就從花蓮北漂到台北讀書，飛到日本就業幾年，又西漂到新竹和台中找到工作。因此我在新竹市出生，籍貫雖然隨父親登記台東縣，但小學一年級後到大學前，戶籍遷到台中，也在台中從國小念到碩士班畢業，之後才又回到花蓮。我隨著父母在不同的城市住過，是典型的「都市原住民」。

現在媒體、學術界普遍稱的「都市原住民」，多半指一九六〇年代起，當工業發展後，在台灣西部因建築業、遠洋漁業、加工出口、製造業等急需大量勞動力，因此開始從花東吸收勞工，在都市組成一股花東勞力生產部隊。原住民族人一旦北漂或西漂，總會互相幫忙找工作，自然在同一個工地／工廠共事，也選定同一個社區居住，互相安慰，聚會，鼓勵，形成特有的「都市原住民族文化」。

我的父親並非完全符合此類，因為早在一九二〇年代，我的祖父就已經成為「都市原住民」。相較於當年大部分的原住民族人來說，我的祖父、父親的確受到相對高的教育，可以賺取比大部分原住民族人高一點點的薪水，在工廠也比大部分的原住民族人取得高一點點的職位。但如果你以為，這些客觀條件會讓我們比較不被漢人的社會排斥，那就大錯特錯了。愈是白領，愈是都市化，愈容易遇到別人臉上「憑什麼」的疑問。即便擁有優於漢人的智力、能力、潛力，也無法讓他免於種族歧視。例如最終還是無法升遷，就是鐵證。

這個社會對原住民族的偏見，來自歷史性、系統性的崩壞，需要一點一滴重建。四百多年來，原住民族的身體、命運、尊嚴，被侵犯與踐踏。誰擁有權力，誰就可以說故事。儘管只是原住民族與漢民族間文化的「差異」，就會被強勢者定義成社會的「問題」。

我是一個原住民的女人。光是我堅持以羅馬字登記姓名，並積極大方地到處使用它，理論上完全不干別人的事，畢竟那是我自己每天要使用的名字，與他人何干？但還是有人認為被干擾，進而對我發動人身攻擊。

我依然幻想，種族別不該是社會限制我的理由，我也要求自己，絕不拿種族別當成不再努力的藉口。我依然認為我們的民族，有提升的可能性。有些人的確有種族歧視，但有些人沒有。總是會有奇蹟。

「番仔」也能選縣長？

例如，民進黨內部的確認真討論過，是否徵召我參選二〇二二年的花蓮縣長。因為我是花蓮人。消息傳開，每次回花蓮總是有人要跟我查證，也有人開始傳播。花蓮縣地方的金權政治，五花八門、千奇百怪、特異獨行，其實若寫來也很有看頭，不過並非我此篇的重點，改天有機會再聊。但選縣長的說法才傳出，我已經聽到有可能的對手陣營，開始在茶餘飯後公開主張「番仔選什麼縣長！」「番仔咁會曉！（番仔會做嗎）」云云。

我聽了並不意外。不意外是因為，我早就發現這種大頭病即便到二十一世紀，都還治不好。聽到的族人則會相當憤怒：「誰說的？」「為什麼看不起人？」「原住民為什麼不可以？」不管原本她／他支持藍或綠，大多數人聽到的反應就是青筋暴出、氣得眼睛突出。

這讓我回想到，大約民國七十二年左右，父親奉派到日本出差。因為父親不在，母親帶著我們外出到台中市區採購日用品。

我不是你的「番仔」

那一年我大約國小一年級，妹妹還念幼稚園，大白天，買完東西，母親帶我們姊妹倆從台中公園附近要搭計程車回家。攔了一台計程車。母親把頭探進副駕駛座，用台語先確認一件事：「跳表嗎？喊價的我們不要。」運將先生說：「跳表。」於是母女三人就上車。在那個年代，有的喊價、有的跳表，沒有一個準。一定先問價錢是持家理財的媽媽的第一個提問，不想被誆，當然要先問。

終於，到了目的地，計程車開進小巷子，停在家門口。計程表停在「兩百一十元」，母親掏出兩百一十元付錢，但這位仁兄回說「兩百三」。

「不是跳表嗎？」母親納悶。

「你們這裡那麼偏僻，害我回程載不到客人，所以跳表再加收二十！」運將說。

「剛剛上車你說跳表，你心甘情願、歡喜甘願，沒有理由要我們多付錢！」母親說。

緊接著雙方就開始在車上爭執。運將堅持跳表再加收二十，母親就是堅持不給，拉著兩個小孩下車就要走。

頓時，原本安靜的小巷，現在熱鬧起來了。這名運將，原本看見一個女人帶著兩個土土的小孩，可能認為很好騙，沒想到踢到鐵板，無法收拾，開始惱羞成怒大聲起來。

母親原本已經拉著我們要進家門，硬是不給二十塊，沒想到運將竟然追到家門口，開始辱罵。運將的聲音愈來愈大，母親也愈來愈氣，乾脆走回計程車邊，你一句我一句大聲爭執。

突然在巷口賣檳榔的鄰長聞聲出現了，「好啦！好啦！不要吵啦」鄰長想要調解，聽出吵架的原委，原來是為了二十塊吵。

母親與運將「不給！」「給！」的吵架聲量不斷攀升，情勢愈來愈緊張，運將的情緒已經到了快要崩潰的頂點，竟然大聲罵：「你們是番仔嗎？」

母親一聽毫不猶豫地回答：「咱本來就是『番仔』！」一句話又酸又辣。

運將一聽真的不行了，竟被女人頂嘴，認為母親根本愛狡辯，於是開口痛罵：「妳『番仔』？我還『番仔王』咧！」連續劇般的對話就此上演，同時他青筋暴出，拳頭硬了，眼睛瞪大，準備開打的情緒開始助跑。當時我感覺大人就要打架了，但不知為何，我並不害怕看人打架，不知道事情的嚴重性。

「哪裡有這種事，根本沒道理，我來叫警察！」母親說。

「妳叫警察就叫警察！」運將一付絕對不會輸的口氣繼續吼著。

母親此時衝進家門，耐住性子，冷靜地打電話到警局：「請你們來處理，有計程車糾紛。」話才講到一半，門外巷子裡鄰長開口了：「好啦！好啦！多少錢？我給你！」鄰長可能猜想母親是連二十塊都付不起，於是順手從短褲口袋掏出二十元硬幣，要給計程車司機。

母親聞聲快速掛上電話，憤怒地出門制止：「鄰長你不要給喔！」一手撥開鄰長已經快要碰到計程車司機的手，一邊看著運將：「你不要給錢，不是錢的問題，警察要來了，讓警察處理！」

運將愈來愈氣、愈來愈氣，但一聽「警察要來了」，觀察風向改變，眼看想多凹二十元的目標無法達成，於是嘴上雖不斷辱罵著，唸唸有詞，但開始往車邊走，不等警察來，他便悻悻然地倒車撤退了。

坦白說我不記得，後來是怎麼畫下句點的，總之計程車司機要二十元不可得，不得不休兵止戰，母親與我們姊妹也全身而退，所幸沒有發生流血衝突。但這場為了「番仔」差點開打的歷史，三不五時會在茶餘飯後被提起。母親總是諷刺地說：「你們愛說我們『番仔』，我當時想，我們本來就是『番仔』啊，我這樣講有什麼不對。」我們又笑翻了，覺得這個計程車司機一定非常憤怒，以為耍狠幾句就可以多賺二十元，沒想到非但沒凹到錢，還被「番仔」回嘴，偷雞不著蝕把米。

這種場面，就是我們每天在日常生活中的奮鬥。

我不是你的「番仔」。我的名字也不是「番仔」。我知道在從政之路上，對手不會只是某些政治集團，我額外還得面對的，是一種超越政治意識形態的優越感，一種「你不配」的根深柢固。

政治上的種族隔離

「番仔選什麼縣長？」

其實現在台灣的法律，並未規定「原住民」不得參選縣市長。憲法第十七條規定：「人民有選舉、罷免、創制及複決之權」；公職人員選舉罷免法第二十四條規定：「選舉人年滿二十三歲，得於其行使選舉權之選舉區登記為公職人員候選人。但直轄市長、縣（市）長候選人須年滿三十歲；鄉（鎮、市）長、原住民區長候選人須年滿二十六歲。」不管你是閩南人、客家人、新住民、原住民，或不想被定義的任何人，只要妳／你超過三十歲，就可以參選任何一個縣的縣長。

為什麼到現在還有人膽敢針對特定種族公開叫陣，網羅一堆理由藉口，不准你做這個、不准你選那個？想必是莫名的優越感使然。你可以不努力，你可以不受教育，你可以不用打拚，但你不能沒有優越感。因為優越感會讓你覺得就算什麼都不做，你只要一出生，永遠都還是比某一群人更高級。

原住民竟可參選縣長？我的朋友總愛打趣說：或許選罷法不小心開了此門，是當年被漢人立法者不小心錯過的「漏洞」，「趕快丟炸彈！」趁他們還沒補漏之前，登記參選吧！我們經常這樣自嘲。

但的確還是有障礙。若依照現在的法律，我的確可以參選「縣

／市長」，但我不能選「立委」。我們並非生來就有權利參選，也不是生來就有權利投票。當我告訴立委同儕，其實我到現在還不能選區域立委，只因為我是「原住民」。聽者多半訝異不已，「怎麼有可能？」這是很多人共同的反應。但這是不爭的事實。對，我可以參選「原住民立委」，而且必須是「『平地』原住民立委」，但台灣的法律不准我參選「區域立委」，也就是那些非原住民才可以選的立委選區。

例如，我在台北工作，如果我想參選台北市「大安區」立委，我想不分族群為民服務（只是我「剛好」具有「原住民」身分）。但法律不准。因為現行的「公職人員選舉罷免法」規定，原住民只能參選「原住民立委」，回去「原住民」的世界裡跟自己人競爭，說這是「保障」名額。以保護為名畫出「保障名額」的那條線，並非珍惜原民的權利，而是把原民鎖在一個籠子裡。

任何原住民，若不去競爭被憲法保障的「原住民立委」席次，想在已經居住多年的非原民選區選「區域立委」，難道不可以？可以。但你要先主動放棄原住民身分。

我認定這是政治上的種族隔離。

我們到現在還被隔離在非原民的選區之外。為什麼原住民只能在原住民選區活動？台灣的原民人口已經有過半數居住在都市，除了原本憲法規定的原民立委保障席次，為什麼不能在各城市、與其他候選人一樣公平競爭，為不同的人服務？如果憲法增修條文第十條明文指出國家應「保障原住民族之地位及政治參與」，為什麼我們不能進入非原住民族選區？

我曾經在擔任立法委員期間，企圖矯正這個錯誤，在二〇一八年五月十七日正式提案修正「公職人員選舉罷免法」。但一讀付委後，無緣被排入議程審查，胎死腹中。

存在的價值，由自己定義

「『番仔』當什麼縣長？」

通常，我會嘗試著，請那些為我憤憤不平的人們冷靜。我認為，如果我們的心智狀態只停留在不斷質問「為什麼？」我們就只能在數百年的苦難中原地打轉、且永無止境，想達成終極奮鬥的目標，將會是一條漫長、艱辛且看不到盡頭的路。但唯有我們真的團結，原住民族視自己為一整體，我們就會有勇氣互相做伴，不向絕望屈服。

台灣的原住民族有六成家戶生活在貧窮線以下，我們平均比非原民少活十年。既然已經手無寸鐵，唯一剩下的武器，就是選票。我們的每一張選票，都該有價值，也該有意義，不該被金錢收買。

但令人心痛的，幾十年來有外來者引進惡質的買票手段，要貧窮者在一場又一場的選舉中手心向上，自甘用現金摀住自己的嘴巴，遮蔽自己的眼睛，讓渡自己的選票，放棄自己的人生。外人知道這是對貧窮者最好的麻醉，不斷拿著像毒品般的金錢餵養貧窮人口，好繼續掌權。因為在他們眼中，我們還是很好處理的「番仔」。

我們真的擁有選舉權了嗎？有時我不免懷疑。

就算真的企圖掙脫窠臼，突破玻璃天花板，想要來參選，他們仍會不斷說「不會成功」。他們會重複貶抑你說「你不配」。他們不斷扭曲我們的優點，讓我們竟然羞愧地把最好的那一面藏起來。其中最厲害的殺手鐧，就是讓我們成為心靈殘疾之人，先使我們失去自由的認知，然後失去擘畫未來的勇氣。他們必須一直叫我們「番仔」，不能讓「番仔」當選，因為他們得靠著優越感才能繼續活下去。

我們可以勇敢拒絕這些殘害我們的手段。幾百年來，當沒有這些金錢遊戲，我們還是活得好好的，不是嗎？原住民族在這個國家必須要有角色，值得擁有未來。我們存在的價值，不該由他人定義。

父親從我們小時候起，就給我們堅定的教育：「以身為Pangcah為榮。」這句話沒什麼大道理，只需要去實踐。即便在政治的路上，也可以這句話定義自己存在的價值，維持我們該有的高雅與尊嚴。它也是我人生重要的羅盤。

唯有認識痛苦，才能從中覺醒；唯有認識恐懼，才能從中解脫。

勇氣

放手的南迴線

二〇二一年九月，父親過世前一個月，健康開始有惡化的跡象。他對我許了一個願望，他說想要回台東看很久不見的老同學、棒球隊的老隊友，然後回花蓮玉里的Halawan，看阿嬤的墓，看看他的兄弟姊妹。

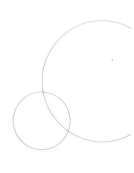

我知道他為什麼這樣說，於是趕緊聯繫弟弟和妹妹。

父親的路線

小時候要回玉里，都是父親開車，載我們全家。從台中一路往南，接到屏東，切往台東，再沿太平洋北上。

長大後要回玉里，換成我來開車，載我的父母。先從台北出發，到台中讓父母上車，從台中一路往南，接到屏東，切往台東，再沿太平洋北上。

父親坐副駕駛座，我走著他的路線，以他喜歡的速度開著。

有一年，大約過了午後，車子緩緩駛入屏東楓港，右手邊已經看得到海。他的右手還拉著副駕駛座車窗上方的拉桿，向右邊望去看著海，突然有所感：「以前是我載妳們回家，現在老了換妳載我們。」

當我切入南迴公路，沿著彎彎曲曲的山路，穿越大武山脈，出了台東，就接到太平洋了。沿著太平洋開著，這時已經接近傍晚。「啊，好漂亮，」父親說：「妳看海有不同的顏色。」我欣然享受著他說話的口氣，好像我只有八歲。我把車窗搖下，讓父親與母親可以感受微微的海風。

一旦靠近太平洋，他更輕鬆了，手肘忍不住靠在窗框上，撐著右臉看海。又一會兒，「妳看，那是舊的路。」他指向山邊，認出拓寬前的景觀。

我繼續靜靜地開著他的路線，他依舊慢慢地享受他的夕陽。看累了，就喝了一口茶，不自覺肩膀放鬆往下垂，睡著了。在後座的母親，也自然打起盹來。風還徐徐地吹著，風裡有想念的氣息。

這是父親的路線，一條默默放手的南迴線。

南迴——父親的路線

由於一九七〇年代，不論蘇花公路或中橫，經常傳出遊覽車墜谷或因風災坍方落石的新聞，當年的報紙經常刊登災難後的死傷名單。所以，每次必須從西部回玉里，父親總是堅持走南迴。因為他說車上不是只有他一人，而是全家人，他不敢大意。

從小到大，都覺得回玉里很像朝聖，一年總必須去個幾次，但要有很多心理準備，因為對小孩來說鐵定是一趟苦行。

父親是一個愛開車的人，從台中開到屏東，繞南迴接台東，然後再北上回玉里，每次回家都要跑滿半個台灣。他非常享受一路直奔，但對小孩來說簡直是惡夢。

因為唯有當我們需要上廁所、肚子餓，或父親想抽菸的時候，才會停下休息。對小孩來說，坐十個小時以上不能活動，左躺也不是、右躺也不是、雙腳無法伸直、南迴那段山路又彎來彎去……，妹妹嚎啕大哭過，我好像也求饒過：什麼時候才會到？

但如果小孩想停就停，以當時的路況，到天黑都還回不了玉里啊。所以只好一直開，反正天黑前要回到家就對了。

當我自己會開車以後發現，其實沒有想像的遠啊。尤其進入楓港、出了南迴，看見太平洋之後，那美不勝收的海岸線，絕對是老天對長途駕駛者的補償。我很享受開車，尤其開在父親的路線。

Falangaw，人生的臨停點

有一年，我又開車載父母回 Halawan，途中停留台東市 Falangaw 馬蘭部落拜訪親友。午餐時間，父親很體貼，不想勞煩對方花錢準備餐點，所以先買了酒菜才前往，說好久不見，想跟他們一起吃飯。Hongay 阿姨與 Akira 姨丈看見父親好開心，看著彼此，忍不住公開評論著彼此的長相，打量彼此有沒有變老變胖，也更新一下還活著的人的近況。

邊吃邊聊，接著夫妻倆就主動說要唱歌給我們聽。一方面表達久違後的欣喜與歡迎之情，一方面說要教我唱。

Lomadiway ci Fayi Hongay ato ci Faki Akira, pasifanaay tu radiw kakunan.（譯：Hongay 阿姨和 Akira 姨丈唱歌，要教我怎麼唱。）

父親一如往常開心地催唱，姨丈 Akira 開唱前還是要謙虛一下，說剛剛已經喝了兩杯，喉嚨開不了嗓，現在聲音不好了。

阿姨忍不住笑出聲，知道那種故意。

父親也忍不住笑，催著他：「唱吧！我們來聽吧！」

緊接著，兩人面無表情地才一開口，Falangaw 馬蘭部落舉世聞名的複音吟唱就這麼輕易地在耳邊響起，令人震懾。阿姨與姨丈有如兩座大音箱立在我身邊，唱起來全不費功夫，男音與女音的纏繞應和，一如郭英男在亞特蘭大奧運引吭的原聲，現場就這樣播送起來。

實在好聽。父親跟我說：「沒有文字的歌，這很自然。默契啊，默契啊！」

唱了一段之後，Akira抓抓喉嚨看著父親，似乎是想跟他表達「要不是喉嚨問題，其實可以唱更好。」父親當然知道他的故作姿態，繼續催著說：「再唱！再唱！」

馬蘭部落的古調吟唱需要男女之間的默契，他們眼神甚至沒有看對方就知道怎麼唱。Hongay說如果她先生不唱，她就不知道怎麼和，跟其他的男人一起，她就更不會唱。她們表演前不可能練習，一切都是即興。「就算練了也不會記得」，因為每次唱的都不一樣。

父親與母親帶著我們從西部回東部，總是非常享受這些時刻。

父親的人生中，在台東的階段，是台灣正要進入工業化的前夕，一切所謂的「文明」，都是古怪甚至嚇人的，但也是無憂也快樂的。

天真的少年 Yotaka

他回憶，遠從Halawan老家來探視女兒、女婿和孫兒的曾祖母Dongi，光著腳，長途跋涉，走過樂合溪與秀姑巒溪，還有大片稻田，從現在的花蓮縣玉里鎮轉搭火車來到現在的台東市。從來不曾穿鞋的她到了日本人的宿舍，黑的發亮的腳掌和無所顧忌的腳趾，就拖著煤灰和泥土大剌剌地踩進榻榻米上，祖母看了驚聲尖叫：「快洗腳！」曾祖母Dongi根本不知道發生什麼事，她也不在乎。

當部落還只能砍木材生火照明的年代，到台東看見女兒住的宿舍裡有垂掛的煤油燈，竟可隨人類的喜好任意開關，忽明忽亮，她嚇壞了；更別說當聽見一台黑色四方型的留聲機竟可唱出人聲，她懷疑這是妖魔鬼怪。曾祖母所有的反應，都讓開始學習過「現代」生活的孫子們笑壞了！

父親每次回憶這一段，都還會笑到流眼淚。他們很喜歡這樣的阿嬤Dongi，覺得好可愛，因為在那個年代，哪一個阿美人不是這樣走過來？

在台東時期的Yotaka，是少年的，天真的，時而也是孤獨的。例如為父親唱歌的Hongay與Akira儘管非常熟稔，但卻與我們沒有血緣關係。父親的人生中，因為祖父的工作、祖父母的離異，從國小到中學階段，曾經在台東的Falangaw生活，自然而然這裡會有他國小、農校時期的同學、玩伴，也會有仰慕他的年輕女孩。但無論如何，這裡不是「家」。台東的Falangaw是臨停點，花蓮的

Halawan才是終點站。即便是最後，也要回家。

Halawan，旅程的終點站

當我告訴弟弟和妹妹，父親想回花東，他倆即刻放下手邊的所有工作，沿途定好住宿點，也聯繫父親的老友，這次由弟弟開車，我們便毫不猶豫地跟母親一起陪父親回他想念的花東。

父親的心並沒有因為年老而變得僵硬且難以穿透，相反地，像是帶著希望般地一路往前走：希望回故鄉、希望見故人、希望說故事。

他了解自己正走在那條路上，而且並不畏懼。此時我也勇敢起來，並不因為過度害怕失去他，而不由自主陷入無法自拔的哀傷與夢魘。反而感恩他願意給我們做子女的機會，可以像個平起平坐的朋友，與他並肩，陪他一路前往。

車子停停走走，開著開著進入台東了。父親換上西裝褲、襯衫，把眼鏡鏡片擦亮，戴上暗紅色的鴨舌帽。這就是那個年代台東人記得的 Yotaka。

父親經常掛在嘴邊的兒時玩伴，在他的記憶中反覆出現。「〇〇送了我一本 Pangcah 的（阿美族語）《聖經》，他們夫妻有簽名，我一直保留到現在」「〇〇以前是投手，我是捕手」「〇〇的太太上次幫我做一件 kulah（阿美族老人階級所穿的背心），我到現在還在穿，我要謝謝她」「〇〇的先生過世時，我因為住院沒有辦法去」……。在出發前我就先聯繫他的老友，老友們聽到即將見到久違的 Yotaka，也相當欣喜，提早準備。在我們到達前，這些歷史人物早早就已抵達現場。

經過多年，一位死黨已經過世，由他的妻子代理出席；一位青梅竹馬的丈夫也已過世，只剩她單獨迎接。

到好友家前，他堅持要先到台東市區的花店買兩束花，花束裡有紅玫瑰、黃玫瑰、白百合、黃百合。抵達後，八十五歲的父親親自抱著兩束花走下車，一看見兩位已經失去丈夫的好友，即刻把花送給了她們，並給了她們擁抱。他向她們已過世的丈夫表達哀悼，也向她們表達安慰之意。

多年未見，看著自己兒時的玩伴抱著花來，青梅竹馬的眼眶紅了。

「剛好是二〇一九年的年底，他走的那兩三天之後，我住院啦，我自己的身體那個時候也垮掉了，所以我就叫我的女兒來致意。」父親跟她解釋。

那一年，的確是由我代替父親出席這場天人永別的告別式。

父親繼續拍拍她的肩膀說：「我今天要來表達我的心意，要不然的話我一直會記掛、記掛，一直想什麼時候要去。」

好友忍不住流淚，用雙手接過花說：「這是Yotaka給的！」「妳知道這是我的心意，這樣就好了！」父親繼續說，再拍拍她的肩膀。她點頭。

最快樂的回憶

生命中有淚水，也有歡笑。父親也在同一個現場見到了棒球隊的老友，他好開心。幾個人坐著忍不住回憶，當年剛剛戰後，國民政府剛進入台灣，在小學打棒球，得從台東市區走路到卑南鄉比賽，贏球了以後，要把棒球手套掛在球棒，扛在肩上，還被校長要求凱旋回部落時，沿途要邊走邊唱「中國童子軍、童子軍、童子軍，我們、我們、我們是三民主義的少年兵！」一路從卑南加油站大聲唱歌，走回現在的台東市區。

好友們回憶當時Falangaw部落路邊許多族人圍觀，少棒隊則是不顧一切地一邊抱著冠軍獎盃，一邊踏步昂首大聲唱。每一個少年棒球隊員都驕傲的很！在那個殖民政權交替、人民連華語都還不會講的年代，小球員根本不知道自己到底被老師要求唱的是什麼歌，但贏球最快樂！

在Falangaw臨停的這一天，從下午一直到晚上，從天亮講到天黑。這些點滴片段，不論是打棒球時的自由快樂，或在農校當鄰居家教時的調皮搗蛋，父親神采飛揚、中氣十足、笑聲宏亮。有些話題與人物，也是我第一次聽父親說，我彷彿也回到未來，看見當年那個少年Yotaka，內心充滿穿越時空的驚喜。

回到根源

這麼多年來，我們原本以為對自己的父親早已瞭若指掌：自以為知道他怎樣會高興、怎樣會生氣、怎樣會快樂，知道他喜歡吃什麼、不喜歡吃什麼，知道他喜歡穿什麼、不喜歡戴什麼……。但若仔細反省，是否我們只是反射性地與他相處，不自覺變成機器人，對父親的世界再也沒有驚奇？但其實，在那個叫做「父親」的知識庫中，仍有好大一塊未知的領域，我們來不及探索啊。

我繼續看著父親與他年少時的同窗好友說笑著，我也跟著笑起來。短暫停留一晚之後，隔天就繼續啟程北上，從台東的Falangaw一路往北開，要回目的地——花蓮的Halawan。

隔天一早出發，雖然從Falangaw出發算起只有兩、三個小時的車程，卻有走過千山萬水之感，終於我們回到Halawan。弟弟停好車，父親開始慢慢的從停車處要走回家。

順著唯一的一條路走著，前方是綠色的山，兩邊是低矮的房舍，以前是竹編的茅草屋，現在是水泥屋。但哪裡是哪裡，哪一間是誰的家，方位並未改變。我們在他的後方看著他走路，隨著他的視線環顧。以前總愛穿著西裝回家、那位挺拔高大的Yotaka，現在除了走路速度較慢，其餘並沒有太大的差別。

「你很會保持身材！」看見他的同學消遣他。

「Matuas do!（已經老了！）」父親笑著回應。

沿途遇到同學、鄰居，他便自在地招呼，還回頭，一個一個指著我們點名，告訴他們說，孩子也跟他一起回來了。

小叔叔知道爸爸要回來，前一天就到部落後方的山上，採集阿美族高貴的食物dongec（藤心）。黃藤有刺，不好採集，但我們阿美人就是黃藤的剋星。

阿美族是專門吃野菜的民族，別族人經常嘲弄我們，總是說凡走在樹林裡，只要前方有一名阿美人，就像走在三台割草機後方，看起來連動物都不吃的野草，阿美人一律掃光。因為對阿美人來說，任何野菜，都是可下肚的美味。感謝老天的賞賜，沒有什麼不能吃！

Dongec外觀看起來就像學校老師修理學生的藤條，其實內在非常柔軟嬌嫩。連殼用滾水煮熟之後，就可上桌，由吃的人自己把藤條的外殼剝開，吃裡面的心。咬下瞬間帶點苦味，但伴隨辣椒與鹽水咀嚼後，回甘甜美。

小姑姑烹煮了一整桌，父親直說這是阿美人「最高級的料理」，盡情享受著，邊把清水煮熟的藤心外殼剝開，沾上眼前一小碗蒜頭鹽巴水，邊吃邊讚。

席間與他的表兄弟談笑，回憶他自己的阿公Cawas如何疼小孩，凡是有孫子身體不適，這裡痛那裡痛，Cawas便模仿自己的太太Dongi（父親的祖母，祭師）治病唸的咒語，哄著孫子輩說會把病趕走。父親唱起他一輩子不忘記的Cawas版的除病歌，邊唱邊唸：「那是阿公講的話，我一輩子不會忘記ㄟ！」他說小時候始終認為這種唸法很有效，現在想想，其實只是阿公為了讓孫子在病痛時有安全感罷了。父親總是回想這一段，讚美著他所喜愛的阿公Cawas，是一個無比善良的人。

父親走到隔壁，與開雜貨店的老同學夫妻敘舊。同學的太太看到父親馬上拿出冰淇淋招待，熱情地像部落的太陽，與父親就吃了起來。唱著以前的歌，談起過去的情誼。同學已經因為年邁跌倒腦部受損，行動不便、講話不清。但父親依然擁著他的肩膀，為他禱告，要他常常復健運動，保重身體，彼此祝福。

最後道別

父親也前往了隔壁的部落Tukar（位於現在的花蓮縣玉里鎮觀音里），這是他最喜愛的祖父Cawas的老家。那是在綠色稻田中央的一棟黃色竹編屋，牆面由竹編而成，屋頂已經由茅草改為鐵皮。這是曾祖父的「娘家」。

由於阿美族是母系社會，財產與田地傳女，男女聯姻後由男方住到女方家幫工務農，共組家庭。因此只有在特殊時刻，男方才會回到自己部落的「娘家」。曾祖父Cawas曾經帶著年幼時的父親「回娘家」，Cawas的妹妹（父親的姑婆）遠遠的就站在門口，迎接Cawas與父親回家。

父親看見那棟建築，久久不能自己，手一直往那個方向指去，「以前姑婆就是站在那個地方，遠遠地迎接我們！」年幼的記憶不斷爆量湧現：走過的石子路、穿越過的溪流、耕作過的稻田、唱過的歌、煮過的飯、砍過的柴、放過的牛。那是他所敬愛的Cawas的家。「走很~遠，很~遠，從Halawan到Tukar！」

土地形塑人的樣貌。秀姑巒溪流域的山、水、人、情，造就了我們。父親在最後一個月選擇返鄉，跟自己的朋友、同學、兄弟、妹妹、表兄弟見面、擁抱、談笑。沒有人知道他正回來道別，只有他自己知道。他不想驚動任何人，給人帶來擔心與麻煩，這是他敏感、動人、充滿慈悲的體貼。他接受了天主的試煉與考驗，接受時候已經到了，接受了自己對生命的無法控制。他用他的身體力行來教育我們。

餐後，要離開Halawan以前，他看著牆上祖母的照片。父親說：「我們來為我的媽媽，你們的阿嬤Kolas禱告。」他拿出前一天就叫我到玉里鎮上印妥的禱文，發給在場的所有人。

我們坐在老家的客廳，那棟阿嬤還在時所蓋的平房。父親回到他的根源，繼續帶領著我們禱告。印在紙上的禱詞與平時的沒什麼不同，但這一次，他的禱告帶領我們升高到一個不曾到過的境界：更深遠、更豐盈。

生命中，無論順境逆境，即便連失去摯愛，都要學會感謝。父親在最後階段，要我們勇敢面對生命中的痛苦與恐懼。唯有認識痛苦，才能從中覺醒；唯有認識恐懼，才能從中解脫。要把這一切當作天主的恩典。

牽引

愛是一條線

多年來，父親為我們開了一條路，而且不曾放手。沿著線，繼續拉著我們走。

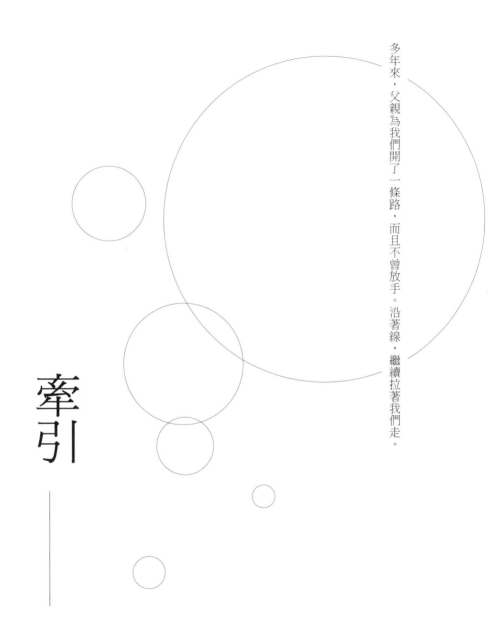

二〇二一年十月下旬，已是預期分離的階段。我在晚餐前回到家，那幾個月我幾乎每天往返於台北與台中。父親的身體因癌末的折磨又更削瘦、虛弱。但儘管連站一分鐘都困難，看見我開門回家，他還是緩慢從床上坐起，自己按壓床邊的電動開關把手扶欄杆放下。緩慢的，先把右腿移下床，再把左腿也放下，坐穩之後站起身，展開雙臂，擁抱我。「妳回來了，」他拍拍我的背說。

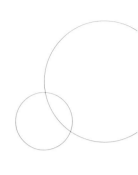

放開我後，他在床沿坐了不到兩分鐘，看看我，實在因疼痛坐

不住，想找東西撐住身體，於是他又慢慢躺回床上。我趕緊上前幫忙調整枕頭的位置與高度，讓他找到一個相對舒適的角度，可以繼續躺著。

他的床，靠著窗，有光。躺在床上，靠窗的左手臂往上抬，手背則壓在額頭上，朝上的手掌心雖然看起來還是紅潤的，但他閉著眼睛，皺著眉頭。我知道，那種疼痛已經超過人類可忍耐的極限了。我說不出話，慢慢在腳邊放下我的公事包，在床邊坐下，陪著他。我們父女倆就像一對互看的人像剪影，在二〇二一年的秋末冬初，背著光在窗前靜止著。

幾分鐘之後，他看著坐在床邊的我，舉起食指，在我面前點了好幾次，說：「妳知道嗎，耶穌告訴我『愛是一條線』。」

我沒有講話，看了看他，他也看了看我，用一種孤獨但勇敢的神情。然後他抬起已經削瘦虛弱的雙臂，一前一後在胸前做出收漁網的動作，好像拉著一條繩索，要往自己的胸前收。他再說一次：「耶穌說『愛是一條線』，祂拉、拉、拉。」他眼睛看著我，像演默劇般拉著那條看不見的線，好像要把我緊緊拉到他面前。

然後他放下雙臂，用食指在空氣中又點了幾下，像是做了一個結論。我點點頭。後來他又疲倦了，就閉上眼睛休息。這時天色又暗了一點。

我在更年輕時，早早離開家。對這個世界曾經愛、曾經恨、曾經快樂、曾經受傷、曾經雀躍、曾經迷航。但父親固執的愛與信仰，始終導引著我回家。

我以為自己可以獨自展翅飛翔，但原來他早已在我的血液植入一種磁場，從我出生的那一刻起，便不自覺地受他牽引，一直往他愛的方向去。年輕時，不知道自己正被一條線拉著，傲慢地向外飛往一個自以為「不被愛綑綁」的宇宙，自顧自地說要做一個獨立的個體。但現在才發現，自己始終被一條看不見的線牽引。如今這個節骨眼，正以光速，被往回拉。

不住的禱告「耶穌我愛祢」

我繼續坐在床邊陪他。即便倒臥在病榻中，我的父親依然是那個高大、修長、堅強的男性，絕不輕易說痛喊苦。但這天當我問他身體狀況，他第一次直白地跟我說：「很痛苦。」原來肉體的痛苦，足以讓人理智鬆懈，不再擔心過度暴露內心真實的感受。他講話的聲音已相當微弱。

我摸摸他已經滿布皺紋的手，用我的右手拇指，勾起他的右手拇指，另外四個手指頭緊握著他的手背，他也同樣握住了我，一起放在他的右胸前。我這樣挽著手陪他安靜了幾分鐘。

「妳幫我祈禱好不好？」他用僅剩的一點力氣睜開眼睛看著我。因為他想要禱告，卻連發出聲音的力氣都沒有。

「好！」我靠近他重聽的耳邊大聲喊。

「妳幫我唸『耶穌，我愛祢』，幫我跟天主求，求祂把我的靈魂收走，好不好？」他睜大眼睛，用著像當年要求我認真讀書時的表情看著我說。

「把我的靈魂收走。」

我停頓了好幾秒，看著他幾近下令的眼神。

父親知道，我從小即是一個對他有求必應的孩子。我聽他的話，照他的指示，總是希望他開心，即便偶爾愚蠢的決定，也盡我所能。現在的他已經不是他，必然自覺對自己的身體已無法控制，他正在信仰上接受嚴格的試煉。

「把我的靈魂收走。」

即便在這個節骨眼，只要能減緩他的痛苦，任何人要我做惡魔我也會毫不考慮答應。這對做女兒的來說，是一個過於殘忍的要求，但我決定無差別地答應父親，同意他，讓他知道我們跟往常一樣，一直都沒有離開過。他跟我們說過非常多次，他已感到滿足，人生圓滿且沒有遺憾。

即便要我禱告請天主把他的靈魂收走，我也用力點頭：「好。」我就是這樣的孩子。

我依他所願，不斷呼求「耶穌我愛祢」「耶穌我愛祢」「耶穌我愛祢」。我真心渴求奇蹟出現，祂真的可以「收走」我父親的痛苦，不管用什麼方式。我的禱告聲與他張嘴微弱的禱詞重複交疊，就像以前他領經帶領我們禱告一樣。現在輪到我要幫他把「耶穌我愛祢」唸滿整個屋子。

我的右手持續挽著他的右手，我邊唸著，同時邊注視著閉眼禱告的父親。自我上學、懂事以來，已經不曾再摸過爸爸的臉，於是我邊唸著禱詞，邊忍不住碰觸他的臉頰。霎時驚覺，父親臉上的皺紋，多年來總讓人誤以為他過於剛硬、銳利、線條分明，一旦伸手觸摸，才發現父親竟如此柔軟脆弱。

我看著皺著眉頭的父親，繼續忍痛低聲跟我一起禱告「耶穌我愛祢」，並把解消痛苦的期待，放在我身上，我突然忍不住啜泣起來。肉體的痛苦，可在表情顯現；但心靈的痛苦，只能緊緊包藏。等藏不住的時候，眼淚替你說。

父親因為我的暫停，睜開眼睛，看見我低頭流淚，他安靜了片刻。右手依然沒有放開我，但奮力舉起另外一隻手，拍拍我的肩膀說：「妳是一個好女兒，妳是一個好孩子。」然後他閉起眼睛，握著我繼續禱告。我只能擦乾眼淚，繼續跟上。

多年來，他為我們兒女開了一條路，而且不曾放手。沿著線，繼續拉著我們走。

愛是一條線，你或許還不知道會被帶到哪裡，但當時刻到來，就會發現，愛就在那裡。

擁抱

擁抱是我們的語言

那是我們最後一次正式的擁抱，我緊緊的把父親抱住，他也緊緊的勾住我的脖子。

過世前二十三天，父親最後一次住院。

我接到電話後，趁著工作的空檔，抓起公事包，又從台北搭高鐵到台中。然後搭著上上下下看起來比天還高的手扶梯，搶搭計程車。

過去這種急忙趕火車、趕高鐵、趕飛機的場面，都是為了工作。但這一次不是。因為父親住院必須的趕場，是一種不趕快爭取，就要沒有機會的絕境；過去是助理跟在身邊一排陣仗，七手八腳負責聯繫瑣事，如今我是獨自一人做著三頭六臂的工作——一邊查時刻表、一邊買票、一邊打電話給母親、再打電話給主治醫師、又打電話給祕書取消原訂晚間的行程、還三番兩次確認健保卡有帶在身上……，因為在防疫期間，燙金的名片根本毫無用處，唯有健保卡才能通行無阻。

一個人的工作還能有多忙？人會為了某一種原因去工作，大部分的人是因為「尊嚴」。對，工作帶給一個人「尊嚴」。但久而久之，很多人愛上這種不得不忙的工作與地位，若不趕場、不跑攤、不忙碌，便自覺像無身分的政治遊民，即便走在街上，也因為自覺不夠忙，感覺無地自容，只想面對牆壁遮掩自己的臉。原本工作是為了替自己帶來獨立自主，但後來卻讓自己陷入失去創意、失去樂趣的困境，工作反而帶來的是作為一個「人」的「不尊嚴」，甚至必須放棄與家人在一起的時間。

我絕不容許自己被無謂的「尊嚴」綁架，被「時間」勒索，很高興自己還算理智清醒，確保自己不要變成那樣的人。不管多早、多晚、多忙、多累，只要一通電話便拔腿往父母身邊跑，因為我還是一個自由的人。

父親的等待與盼望

好不容易到醫院後，先出示健保卡確認旅遊足跡，還得完成快篩，依規定經過令人折磨的「陰性」等待，終於抵達病房。一進病房，看見坐在床沿的父親正在跟護理師說笑聊天。感謝主，所有不安的感覺瞬間消失！

父親一看到我，一如往常，又從床沿站起，展開雙臂擁抱我，我也回抱他。此時現場的護理師突然急掏手機以迅雷不及掩耳的速度說：「趕快拍！」「拍一下！」猜想她們在其他病房很少見到這樣的場面，也或許這是她們的善意吧，在癌末病人的房間，若再不拍就嗚呼哀哉了，所以要趕快幫我們拍下。

為了急忙捕捉鏡頭而產生的手忙腳亂，讓我跟父親忍不住笑了。

「擁抱是我們的語言，」父親笑著跟護理師們解釋說。這不是一場秀，是再自然不過的親子互動罷了。

台灣人不常擁抱自己已經年老的父母、成年的孩子，或同輩的兄弟姊妹。但父親擁抱孩子的習慣，在祖父過世後，變得更自然。

祖父過世後，父親更容易表達愛，更容易表明他的感受。例如弟弟結婚生子後，經常用手機傳送孩子成長的影片，孫子們有時哭、有時笑、有時牙牙學語、有時跟蹌學步。父親看到自己小孫子的影片，也會感動到落淚。他會感激上天，讚嘆生命的偉大，顯露他內心的喜悅。

我們小時候看他是不動如山的硬漢，但年老後反而經常聽他直接在我們面前告白「想念你們」「盼望你們回家」「每天都在等」「愛你們」「你們是我的寶貝」。他也更容易感動流淚，也更習慣用擁抱代替語言。

大部分的人在長大以後，有九九・九%的時間都忘記自己小時候的樣子，忘記當小孩的感覺，或許當我們面對親愛的人時，應該回到我們小時候的樣貌，因為那時的我們，心很寬廣。我覺得父親就是這樣，有時直白地令人忍不住笑。

一開始是我們不習慣，因為我們與父母之間，產生了一種冰凍三尺的距離。小時候是我們想靠近而不敢靠近，後來變成不想靠近，最後弄得不知該如何靠近。但愈老，是父母愈想靠近我們。做子女的注意到了嗎？有的父母會說，有的父母不會說。

無法擁抱的「社交距離」

疫情爆發後，因為自己是「發言人」，最厲害的專長就是對著麥克風不厭其煩、不帶感情地向媒體說明防疫的政策，總是娓娓道來，重複把「防疫優先」放在嘴邊：「每天探病只開放一時段」「有門禁」「每次陪病以一人為原則」「探病前先快篩」「視訊探病尤佳」；其間聽見有人從國外返國，因隔離無法探病奔喪，被媒體問到，也只能再次說明「防疫優先」，不得不然，請民眾「共體時艱」「多多體諒」……

我的確別無選擇，這是「政府的政策」，因工作需要並「為維護台灣的公共衛生安全」，我只能這樣宣導。

傳達政府政策容易，但只有當自己遇到了才知道，知易行難。

明明只隔著一扇門，卻不能進病房陪癌末的父親，疫情不會跟妳

「共體時艱」，病毒更不會跟妳「多多體諒」。這種「人明明在你面前卻絕對不能靠近」，碰不到、摸不到、聽不到的超現實感，令人迷惘又無助，是絕對的精神折磨。親人住院時，你對不確定性的容忍度急速降低，你無法保持成熟穩定，想像中的危機會變得愈來愈大、愈來愈大。

這愈來愈強大的不確定感會吞噬你：你不知道父親現在是否醒著，是否痛著，是否餓著，你不知道總是過於客氣不敢跟護理站要求多一床棉被的母親是否凍著，你只會愈來愈恐懼。你更恐懼如果稍後自己快篩的結果若是「陽性」，確定染疫，是否會為已經在醫院的父親帶來更直接的死亡威脅……，光是在等待快篩結果出爐的那幾十分鐘，你會不自覺過濾掉那些可能無害的資訊，反而會把任何一個小細節放大成最戲劇化的悲劇……。

但全球面臨疫情的衝擊，不管你是誰都一樣，就算在總統府上班也沒有特權，一切都要按照規矩來。

母親一直要我不用來，因她總是體諒我們工作忙碌，節儉的她又不捨我們還要花錢做ＰＣＲ。但你總覺得自己有責任，就是該用盡各種交通工具，踏上回家的路。不顧一切，就算再也看不到辦公室其他人都無所謂，因為如果成為一個因為工作而不再掛念父母的人，那還是什麼人？

可是一旦出發後，一切都拋在腦後了。

不管車站人聲有多麼吵雜，感覺就像進入一台有氣密裝置的玻璃時光艙，艙門外的一切聲音我都聽不見，我只聽得見自己的呼吸聲：因為穿高跟鞋跑著去買車票、排隊掃描QR Code進站、在手扶梯上往下跑、找到自己的座位編號坐下。我還在急促地喘著。慢慢的，車子啟動後，呼吸也漸漸平穩，原本在辦公室的擔心以及七上八下的心情不再，因為知道稍後我將親眼看見父親。

每當我突破重重障礙抵達現場，一看到我，母親總是會先說不捨看我奔波，但後來總是難掩安心的微笑。父親倒是很得意，就像猜對誰會是下任總統般，帶著勝利的笑意說：「我就知道妳無論如何一定會來！」他已經對我有十足的把握。想必他已經知道自己在我心中是獨一無二，也認為我神通廣大，自有來去自如的任意門，會盡全力解決父女無法相見的難題。

父親在我抵達後給我一個擁抱，也讓我感到安心，之後我便拉張椅子坐在病床邊，陪著父親和母親吃午餐，量血壓，吃藥，打點滴，輸血，邊聊著不相干的台北政治，偶爾看他打盹，偶爾陪他說笑，就像他往常在家一樣，直到天黑，我必須再北上為止。

我不會忘記這間病房。這是一個被死神與魔鬼遺忘的時空。彷彿我們也與天主達成協議，雙邊開啟一個愛的旅遊泡泡，在前往天主身邊的過程中，百毒不侵。即便全世界已經變成一個龐大的病毒窟，每天都有人想要把你拉下，但我們還在這裡。

最後的擁抱

過世前兩天，父親躺在病榻上。一天過一天，他依然努力有尊嚴的活著。但在不斷替他更換點滴、施打止痛劑的重複行為中，有時我也會錯亂，因為他始終閉著眼睛，會誤以為他真的離我愈來愈遠了。兄弟姊妹會輪番坐在他身邊，陪著他呼吸，陪著他眨眼，扶他起身喝水，持續為他更換點滴，為他施打最強的止痛針劑。

此番輪到我，我一人坐在他旁邊。他時而痛苦地醒著，時而痛苦地睡著。我的眼睛沒有一刻離開過他，用看的、用聽的、用手摸著他的腹部，跟他一起呼吸。

幾分鐘後他又張開眼，眼睛清楚地看著我，他雙手抽離被窩，直直地伸向我。我趕緊上前。

「爸你要什麼？」我問他。

他沒有講話，手直直的伸向我。

「你要起來是嗎？」我又問。

他看著我點頭。

我以為他要我抱他坐起身，所以我雙手往他的雙臂下方抱，要把他從躺姿扶為坐姿。他的雙手環繞著我的脖子做為支撐也用力著，我奮力想把他抱直坐起，但感覺父親使力扣緊我的脖子，似乎在講話。還沒扶他坐好，我忍不住停下來，專注地看著他的嘴形，試著讀懂他的話，「你想抱我們是嗎？」

他點點頭。

「爸，你愛我們是嗎？」我忍不住問他。他點著頭，視線看著遠方。

「我們也愛你，」我在他耳邊說。

我又再說一次：「爸，我們也都愛你。」他點點頭。才講完，他的手不再用力扣著我，開始放鬆，還來不及坐起，他已經累得要躺下，又要休息了。我安靜地把他放回床上，為他調整一個我認為他會舒服的位置，看著他閉上眼睛。我坐回床邊，守著他繼續呼吸。

父親讓我感覺，年紀愈大，他對孩子的愛就愈濃烈，人的死亡是必然，但如果無法再擁抱孩子，將是他唯一的不捨。是他把我們帶來這個世界，他想看著孩子、孫子成長，他想給予他所擁有的，想把自己給我們，但到了這個階段，天主已經對他有其他的安排，他正在學習接受。

那是我們最後一次正式的擁抱，我緊緊的把父親抱住，他也緊緊的勾住我的脖子。

在最後階段，我始終好奇，到底父親雙眼所見，腦中所想的是什麼？在他已經無法說話的階段，我們容易對病榻中的父親產生強烈的陌生感，好像他不是他。不知道是世界變了，還是他變了，還是我變了？但擁抱，讓我強烈感受什麼都還沒有變。即便他的軀體，即將在下一秒就瞬間消失在天地之間，我知道他一直都會在。

告別

最後任務

父親生前交代給我這項任務時，就知道我的恐懼是什麼，但他喜歡我為他做的一切，要我這樣做。

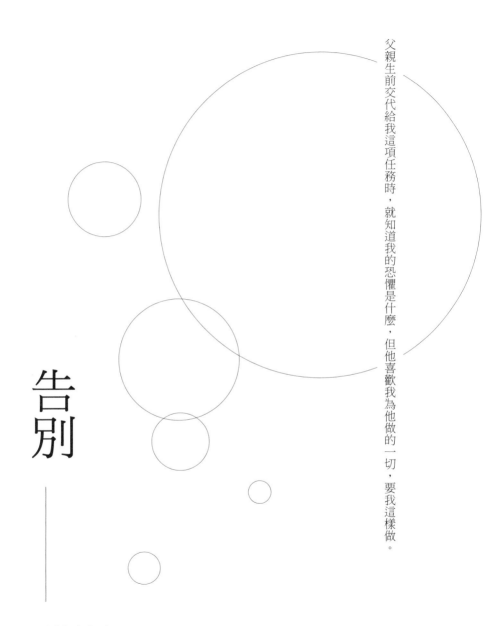

二〇二一年十一月十三日，上午約十點三十分，天氣陰。豐原天主堂，追思彌撒即將結束前，我必須完成父親給我的最後一個任務：在為他舉行的追思彌撒中，代替他，感謝親友，替他告別。

其實在過世前幾天，父親坐在床邊，就點名我替他做這件事，父親開口，我雙手交叉在胸前，緊閉雙唇不發一語。內心想著：這未免太殘忍，竟然要我做這種事。我不確定我當天是否會情緒失控，是否有勇氣站穩腳步，是否可以做一個他所期待的傳話者。我的怯懦與他的大方形成強烈的對比。

他緊接著又挑了一張他喜歡的照片做為遺照，遞給我。那是一張我幫他拍的照片，在八十一歲生日那年，我送他一頂巴拿馬帽，他在餐廳就戴了起來，灰色的西裝外套內搭淡藍色襯衫，和藤編的巴拿馬帽很相配。

那是一張半身照，鏡頭前還有蛋糕上的「81」蠟燭，從我的角度就是倒著寫的「18」。他正帶著典型Yotaka的得意微笑。我看著照片中的他，他邊遞給我邊讚許這張照片拍得好，還覺得自己長得不賴，我和兄弟姊妹儘管眼淚掛在臉上，還是忍不住笑了。

我點了頭，後來替他完成了這項任務：

無盡的追思

各位親友、各位主內的弟兄姊妹，大家平安。我是Kolas，葉豐Yotaka若望弟兄的長女。今天由我代表我的母親還有兄弟姊妹向大家致意。

聽完了大家的分享，我覺得我們應該轉換心情，用「歡送」爸爸的心情參加這台彌撒。因為他那麼愛天主。最後肉身的病痛，是他在人世間的補贖，現在他必然已經在天主身邊，看著我們。

剛才聽到聖詠團彈出我們的爸爸所創作的吉他譜，演唱他做的歌，讓我想起，他過世後的第二天早上，我跟母親一起整理他的書桌——桌子旁有他的吉他，吉他旁有他傳福音時必帶的歌本。我發現凡是他所做的歌，從來不標注作詞人、作曲人。常聽他說，他做天主的僕人，就該是「隱沒的人」，「因為聖母說，你們要隱沒，不要想成為什麼人物」，不彰顯自己的功德。剛剛聽歌，的確想起爸爸很多很多。

今天也感謝賴副總統，在我父親就醫期間，您親自與我父親的醫師討論，提供醫療專業的協助，他多次說「我們這樣的家庭，很不配。」我父親生前，有機會與您見面、聊天、互動，是他最後這兩年，生活中很大的鼓勵。對於您在最後兩年的協助，我們家人相當感激。您也從彌撒一開始到現在，都陪著我們。賴副總統是我們的朋友，也像家人。我的父親每天為您禱告，這是他的禱詞：

當你還在母胎裡的時候
天主已經看到你
當你從母胎中生下後
天主已經把你的名字刻在祂的手中

當你還站在遠處
天主已經知道你在想什麼
當你還沒有開口說話
天主已經知道你要說什麼

我常懇求天主

要站在你的身邊 趕走追趕你的狼群
要站在你的身邊 踐踏傷害你的毒蛇與蠍子
要站在你的身邊 在灼熱的陽光下保護你的頭
要站在你的身邊 在清冷的旋風中平息風波
要做你的護衛 要做你的保全
保佑你心靈平安
也保佑你外出後平安回來

這是他生前多次親口為您祈禱的內容，也是他衷心對您的感謝。

很多親友、教友，在幾天前，收到這台追思彌撒的通知，都很錯愕、震驚。有難過，或許也有不解。內心可能想著：為什麼葉豐還有葉媽媽什麼都不說、是不是不重視教會、不重視我跟他的關係、不重視兄弟姊妹、不把我當自己人……等等。我在這裡要代替我們的父親跟大家說，其實正好相反。

在他過世前二十天，他跟我們四個兄弟姊妹說，他不希望各位為他的事情忙碌，不用為了死後繁瑣的儀式在東部－西部、北部－中部之間奔波。他強調要「低調、簡單」：不設靈堂、三天內火化，骨灰安置到墓園之後才通知大家。他唯一的要求是請我們為他獻一台彌撒，為他禱告。他自己挑了一張原本就放在家裡的生活照，說今天可以拿出來讓大家看他的帥照。

他就是這樣簡單。我的父親常說：「生有時、死有時。」當一斷氣，靈魂已經到天父那裡去。剩下的，就是希望我的母親還有兄弟姊妹，不要再為了他的後事操勞。

另外一個也很主要的原因，他認為連耶穌過世的時候，也沒有人拿蠟燭、燒香、獻花、獻果，而是直接被放到墓穴中。如果連耶穌都只有如此的待遇，我們做為祂的僕人，還有什麼理由高調、氣派呢？他認為不需要了。他唯一希望我們共同為他做的，就是在今天為他向天主禱告。所以我要再次感謝各位親友、教友，你們來到這裡，代表各位認同也理解了我們的做法。再次的感謝大家。

也因為他的堅持，意外地讓我們兄弟姊妹跟爸爸之間，建立了一種前所未有的親密感。最後這段時間，只有我們獨享爸爸：陪著爸爸禱告、吃飯、聊天、說笑，也陪著他面對最後幾天最煎熬的時刻。最後那一刻，唯獨我們有特權握著爸爸還有溫度的手。也只有媽媽跟我們四個孩子送他火化、把骨灰抱回家、等墓碑刻好之後再抱著他到墓園安放。

我父親的這個決定，讓在人世間的我們有機會，終究得以跟他如此靠近。我們不但靠近他的身體，靠近他的心，在最後也更靠近他對我們的體貼與愛。

我的父親葉豐Yotaka是一個過信仰生活的人，在他最痛苦的時候，不是咒罵、抱怨、後悔，而是請母親跟妹妹把他事前就已經擦拭好的十字架遞給他，讓他緊緊抱在胸前，要我們繼續幫他說「耶穌我愛祢」。不質疑、不挑戰、不責怪天主給我們的試煉，唯有順服、接受、並且繼續愛。這就是我父親帶給我們最珍貴的生命教育。

最後我要跟大家說，我父親人生八十五年的歲月，若有曾得罪或激怒過您之處，容我在此替他向各位致歉。但若他還有令你所愛之處，那就煩請各位繼續想念他，並為他禱告：求主赦免他在人世間所犯的罪過，早日回歸天家。

我的父親很有趣，過世前二十天，他跟我們說不用在今天這種時候還拿著麥克風唸祭文，不用在這個節骨眼還隔空跟他講話。因為要講的，活著的時候都講了。他唯獨給了我最後一個任務，就是要我在今天，代表他跟大家說：

「感謝大家。祝福大家身體健康，如同靈魂的興盛。祝大家萬事如意！」

以上是我父親最後交代我替他講的話。願大家平安，謝謝大家。

面對失去的勇氣

父親生前交代給我這項任務時，就知道我的恐懼是什麼，但他喜歡我為他做的一切，要我這樣做。我清清楚楚地看著他，他的雙眼也看著我。就跟以前一樣，不管大小事都鼓勵我，知道我會把事情做好，不會搞砸。他也知道我跟二十年前的他一樣，正學著面對失去父親時那無法想像的未知與折磨，但勇氣存在於我們的血脈之中。

因為愛著父親，所以我完成了這項任務。不知為何，那天走進教堂時是陰天，彌撒結束後已看見陽光。就跟二十年前，父親把祖父送到墓園那天一樣。

改變

父後的我們

擁抱改變了我們說愛的方式，改變了我們每一個人，改變了我們的下一代。而我們的下一代，還要接棒繼續走。

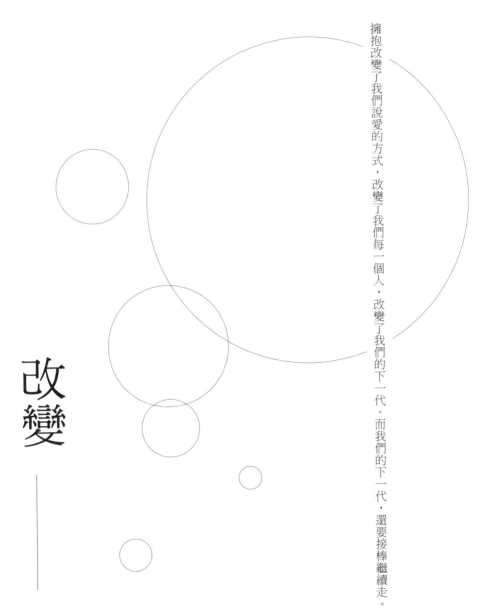

父親過世後十五天，兄弟姊妹與母親辦完追思彌撒的那個週末之後，我們又要北上回到過往的生活。一種正常到不正常的氣氛。

學習面對父親的離世

弟弟有兩個孩子，大的快七歲，小的五歲。父親以他父親的名字Maro’為大孫子取名，以祖父的弟弟（父親的叔叔）Alang為小的取名。一個是曾祖輩的兩兄弟，一個是曾孫輩的兩兄弟，都是「Maro'」與「Alang」的組合。是為了紀念他父親與他叔叔的兄弟關係。

在離開前，母親煮了一桌菜，擺好碗盤後，就跟父親在的時候一樣，我們要禱告。此時小Maro'與小Alang跳上桌，選定好位置，等大人們都坐下之後，哥哥Maro'突然把雙臂展開，手掌向上，還對著空氣抓了抓，就像做出「來！來！」的姿勢，要大家手牽手，圍成一個圈圈。

我笑著看他，他不等我開口，就解釋：「爺爺都會祈禱，爺爺都說『耶穌我愛祢』，要說十次！」的確，父親生前的飯前禱告，總是要大家先唸「耶穌我愛祢」十次，然後才背頌經文謝飯。

父親的照片掛在餐廳的牆上，微笑著看著我們。聽見Maro'這樣說，我忍住淚水，對Maro'笑了。

此時弟弟Alang也眨眨大眼睛，指著父親常坐的位子，「那個位子誰要坐？」桌上所有人突然一陣安靜，每個人同時反射性地低頭看著自己面前的空碗，不敢看彼此，沉默了幾秒。

母親趕緊打破沉默，邊上菜，還邊溫暖的催著大家趕快找位子坐下：「都可以！都可以！有位子就趕快坐下！」果然大家就聽話坐下，但那個位子還是空著。那不是我們的位子，那是爸爸的位子，我們還沒準備好坐在那裡。

沉默過後，簡單純真的Alang抓起左右兩邊人的手，要全家人牽手圍成一個圈圈，打算要開始禱告了：「爺爺不能吃飯了，他在天堂了。」我指著牆上父親的照片，跟兩小說：「爺爺在啊，他在看我們吃飯喔！」Alang突然轉頭笑著對照片喊出聲：「爺爺你要吃飯了嗎？」我們大家都笑出聲了。

在極短的時間內，全家人學習面對父親的死亡，因為餐桌空位的主人，再也無法與我們同在。也不過就這麼一眨眼的時間，位子就空了。

艱難的下一階段

弟弟一家人要北上了。Maro，與Alang跑過來擁抱母親：「奶奶我愛妳！」「奶奶掰掰！」母親對他們說：「奶奶也愛你們。」我們兄弟姊妹之間也彼此擁抱道別。

不久，我也拖著行李箱要放上車，母親走到門前停車處，那是每次父親擁抱我送我北上的時刻，我也像擁抱父親一樣擁抱了她，說我要先北上了。她看著我拉著行李要離開，忍不住哭了。抓著我，哭出聲，我也流淚了。

「沒有辦法，日子還是要過下去，」我跟她說。

妹妹站在母親的後方，或許也早已預期，接下來將進入最艱難的下一階段。

我們都知道有親人過世，內心必然會難過痛苦，也可以預期自己會有一段時間柔腸寸斷，心痛不已，但沒有想到有一天會真的碰觸不到他，他真的消失了。稍後，當送完兒女離去，母親再進入屋內，只會看到一盞黃光的地燈打在牆上Yotaka的那張照片，但如果真的把燈關掉，他就真的不在了。

「車子小心開，」她噙著淚送我：「到了要聯絡。」

牧羊人不會忘記自己的羊群

因故與我們分開很久的同父異母的大哥，超過二十幾年沒有見到父親，得知父親生病，在二〇二〇年初開始回家探望父親。

大哥的回歸，是父親人生最後兩年莫大的喜悅。兩人一樣的身高、一樣的體態、一樣的手、一樣的腳、一樣的眼睛，歷經種種人生的考驗，終於又相聚在一起。

相隔二十幾年，大哥再次回家的那一天上午，父親早早地就盥洗著裝，理髮刮鬍子，穿上西裝皮鞋，坐在客廳等著。每一分鐘都像一年那麼久。

又過了一段時間，我聽到有從未聽過的車子引擎聲愈來愈靠近巷底，我跟父親說：「大哥回來了！」

父親故作鎮定地說：「喔，回來了嗎。」然後他站起，拍拍西裝褲，拉挺西裝外套，調整好鏡框，緩緩地走出第一扇木門口，站立著。

他沒動，望著前方那一扇紅色的鐵門，已經等了數十年，等著那扇門打開。以我對他的了解，他已相當激動，但仍刻意控制情緒，繼續站著，等著。

過了不久，聽見停好車，瞬間厚實的關車門聲，幾秒鐘之後，眼前一樣瘦高、挺拔的大哥，也戴著眼鏡，緩緩走進那扇三公尺外的紅色鐵門。那扇老舊的紅色鐵門高度，只達大哥的肩膀，就跟它也只搆得到父親肩膀一樣。父子相見。

父親視線才一看見大哥，便雙臂伸開，等大哥靠近後，抱著許久不見的兒子哭了。

「非常想念你，」父親說。

「歐多桑！」大哥也擁抱父親。

知道父親生病後，我終於找到失聯多年大哥的聯繫方式，告訴他父親生病了。大哥毫無懸念的，即刻帶著他的妻子和兩個孩子返家。

讓父親見到許久不見的兒子，是父親病後，我最想幫父親做的一件事，因為我知道那是他唯一剩下的掛念。對父母、兒女的愛，不該只能埋在心裡，不該只能獨自在雨絲和玻璃窗後哭泣。我們明明就愛著對方，不是嗎？

就在父親擁抱大哥的那一刻，我從外側擁抱了他們倆，我們三人長成了一棵愛的眼淚樹，與弟弟、妹妹和母親，在父親一手打造的家門口，開花結果了。

第二年，在二〇二一年父親生日的那一天，我們一起幫父親慶生，吹完蠟燭後，大哥拿出一個小禮盒。

「多桑，我送你的是一隻很普通的手錶，但手錶代表的是時間，我欠歐多桑一個時間，我希望你健健康康、快樂，」大哥說。

「OK，謝謝你，這是很棒的事，」父親微笑著：「你幫我戴！」要大哥親手幫他戴上。

父親擁抱了大哥，一切盡在不言中，兩人的手緊緊的握著。那景象，是我人生中，所曾經看過最美麗的風景之一。

父親的過去，是我們的未來，當我們與父親手牽手走到他的終點，我們兄弟姊妹就要互相手牽手，從他的終點接棒走下去。

父後的我們

父親戴錶的時間有一年三個多月，每天戴著直到最後一刻，那是他心愛的禮物。火化後，母親決定，把大哥曾經送給父親的手錶，還給他，做為人生重要的紀念。「你曾經說，這是你要還給多桑的時間，現在我把手錶還給你，因為這是多桑曾經擁有你的時間，」母親含著眼淚說。

大哥點頭，安靜地把手錶拿回手中，緊緊地握著，就像握著父親的手。

我們是否給了自己愛的人足夠的時間？

不夠。

「看見奇珍異寶，不能忘記手中的兩滴油，牧羊人不會忘記自己的羊群，」保羅科爾賀（Paulo Coelho）在《牧羊少年的奇幻之旅（*O Alquimista*）》書中曾這樣說。我把這再簡單不過的道理牢牢地記在心裡。

我們對父親生前模樣的記憶會不會愈來愈模糊？

不會。

若你認為已逝親人的形象更加模糊，那是因為我們變了，不是他們變了。離開我們不是他願意的，但記得他是我們的能力。父親的形象儘管更加遙遠，頂多只是更加柔和罷了。

我們是否懂得對所愛之人充分表達愛？

不懂。

因為我們不想在所愛之人面前顯得脆弱，我們不斷展示無意義的冷淡，以責罵代替關心，讓愛悄悄地離開。但我們應該像孩子般單純，記得自己最真實的感覺，並且適切的表達，一切都還回得來。

不要停止說愛

父親過世後，有一天弟弟開車，帶著他全家大小走山路，彎彎曲曲的路遇上大雨，路邊還有人正在修路，載著全家人的駕駛愈開壓力愈大。突然，在毫無任何談話脈絡的情況下，不到七歲的小Maro，說：「感覺爺爺一直在我們身邊。」

「你怎麼感覺到的？」弟弟敏感但謹慎地追問。

「閉上眼睛就感覺得到，」Maro，說。

「爺爺在哪裡，坐在車上嗎？」弟弟再問。

「不是。就是感覺得到在我們身邊，」Maro’說。

在雨中開車的弟弟，即便自己都已經當了爸爸，聽見孩子說父親也在一起，內心瞬間安定下來，有安全感。

又有一次，不到五歲的小Alang半夜突然醒來哭著，直說要爺爺留步：「爺爺！要找爺爺！」

聞聲驚醒的弟弟馬上前往安撫Alang：「你看到爺爺嗎？」

「爺爺跟我說他要去天堂了，」Alang很難過地說。

「爺爺穿什麼顏色的衣服？」弟弟也想念父親。

「紅色藍色條紋褲子，很帥，」Alang說。

這是父親過世後，第一次，我們每一個人要進入正式歸零的階段，進入完全沒有父親存在的狀態。不管是聽見外甥在夢中驚醒喊著要找「爺爺」，或開車時在車陣中痛哭，或繼續拉著公事包在比天還高的高鐵站、捷運站悶悶地搭著手扶梯上上下下，只有再次跟母親與兄弟姊妹擁抱，讓我們活著的人感到彼此，才能延續父親的溫度。

我告訴自己，不要因為父親不在了就停止擁抱，不要因為父親不在了就停止說愛。捏捏自己，我們還活著，擁抱是我們的語言，這語言改變了我們說愛的方式，改變了我們每一個人，改變了我們的下一代。而我們的下一代，還要接棒繼續走。

回歸

人生旅行

不管到哪裡旅行，不管走多遠，終其一生，我們都會持續地回家。

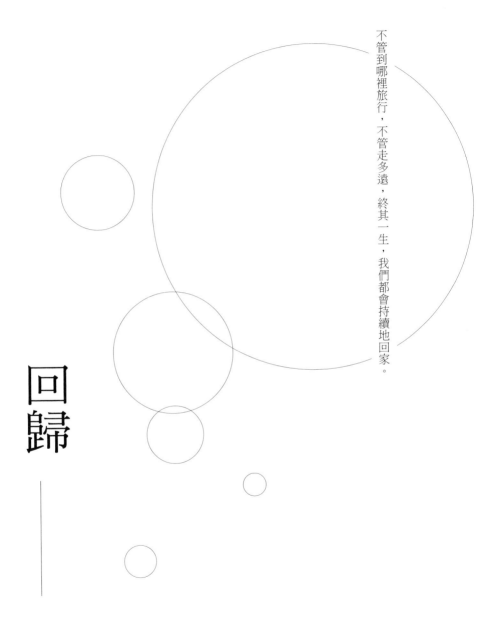

日子如果過得很平穩，就會忘記自己真正要什麼。人一旦忘記自己真正要的是什麼，那是最悲傷的事。

父親的一生，從東部到西部、從台灣到日本，勇於前往未知，跨越能力的極限。這種旅行基因，從祖父這一代就開始。但儘管旅人清楚地知道自己要什麼，也不保證每次都可做對決定。人生的旅行途中，會經歷酸甜苦辣，不只自己從中學習、獲取教訓，他／她的下一代也會把一切看在眼裡，接手前行。

從一九八〇年末期我高中開始，祖父就從花蓮搬到台中與我們同住。因為識字，他喜歡看書、看報，也喜歡看我們讀書，希望我們能往上爬，喜歡看我們有成就，喜歡看我們四處走動，看看世界，要過得比他們好。「可以開眼界，就會有成就。」猜想這是當時一般人的想法。

從小就覺得可以像父親一樣掌握方向盤很神氣，後來我也愛上了開車，希望可以載家人回花東，所以畢業後第一份工作微薄的薪水，付完房租之後剩下的，就拿來付汽車貸款。還記得我第一次買車，就從台北大膽開上高速公路到台中，停在巷子口。我快步走進家門。

「ただいま！（我回來囉！）」我總是對著祖父喊。

「お帰り！（回來啦！）」祖父一如往常，微笑著回我。

然後我開心地跟他說我買車了，問他要不要來看。祖父一聽很驚喜，點頭說好，於是拉起門口的拐杖，一步一步與我並肩同行，在黃昏時分慢慢地走到巷子口。目光都還看不到車子，我的手臂已經等不及舉起來，不停往我停車的方向比，祖父面帶微笑，慢慢的繼續走著。

到巷口後，我那台白色三門小Corsa就停在那兒。若跟停在我後方的搬家公司大卡車比起來，那台三門掀背小車根本是火柴盒，但那是我人生中最閃亮的小白，迫不及待秀給祖父看。祖父走到車旁，一看就點頭說「很漂亮」，然後拄著拐杖，慢慢地繞著車子巡禮，摸摸車窗、踢踢輪胎，走到車後方，看到一個用英文字母寫的品牌，他用片假名唸出「オペル（OPEL）」，然後點點頭，好像他很了解這個品牌。因為祖父的肯定，我感到得意。

過幾年，我才從母親那兒得知，鄰居跟她說：「妳的公公很好，妳女兒回來的時候，他都會去巷口擦妳女兒的車。」

我從來不知道祖父總是在清晨擦我的車，他過世了以後我才從母親口中聽說，內心相當激動。他屬於不會說「愛」的世代，是徹頭徹尾鋼鐵人的世代，這樣的旅人，格外孤單。

祖父的人生旅行

祖父在人生最後階段，在台中與我們同住的這幾年，是比較沉默的，因為這裡的環境、鄰居，與花蓮的截然不同，鄰居都不是同樣族群，大多語言不通，沒有可講話的對象，尤其在最後幾年，經常在餐後，就回房，坐在榻榻米上。有時我們經過，發現他總是盤腿低頭，拿著我們的戶口名簿看著。

「為什麼老是在看戶口名簿？」母親一直有疑問。

直到祖父過世後，整理他的房間，才驚覺原來他讀的不是戶口名簿，而是戶口名簿裡，夾了一張祖母的相片。

多少年來，祖父一直看著那位當年在Halawan的牽手，多年前離異，那是再也來不及表達、只能埋在心裡深深的思念。只是人生的旅行，歷經Halawan、台北、台東、花蓮、台中，載浮載沉，相聚離別。有時旅人以為可以追求到更多，沒想到卻錯失更多美麗的風景。

有一天，我發現一張拍攝於一九五九年十一月二十三日的黑白照片，也是祖父與祖母離異後多年。拍攝地點位於現在被劃為台東市Falangaw部落。

照片中，有一棟建築中的平房，兩個人沿著梯子爬上屋頂鋪著瓦片，房屋正前方則是一群男女，或站在砂石邊，或坐在一堆已經篩選混合過的級配礫石上。一位阿美族老人戴著藤編帽，穿著自製的黑色輪胎鞋，穿著老人階級的長背心站在畫面左側。照片正中央，是領導著幫工一起蓋房子的祖父。他像捕手般正面蹲著，戴著白色鴨舌帽，沒有特別的表情，倒是雙眼銳利地直視著照相機鏡頭，似乎想要牢牢地抓住他在這一刻的成就。照片右側則是兩根已經高到出鏡頭框的椰子樹。

那是祖父親手搭蓋的平房，以為可以從此定居，但最終他仍落寞地離開馬蘭部落，一百多坪的建物連同土地被輾轉賣入他人手中，使他不得不再踏上下一段旅程。

二〇一六年三月，我開車進入馬蘭部落，按著父親口述又模糊的兒時記憶開車四處轉，在更生路、四維路一帶，一條路一條路地找，一個人一個人地問。終於在一間碾米廠邊看見一處荒廢的老屋，就是我手上老照片中的那一棟。

我開車到門口，才一拉手煞車，便無法控制地流下眼淚。六十年來，房屋跟照片上的一模一樣，結構沒有改變，門窗的大小與當年一模一樣，屋頂也一樣高。看來買下地產的人並沒有特別經營，也沒人住，任憑荒廢在那。

那屋子的一磚一瓦都是祖父親手摸過的遺物。

我久久無法平復，盡是排山倒海而來對祖父的想念。他若還在，知道我找到這斑駁的老屋，是否會跟我一樣激動？我用雙手碰觸著當年的門牆磚塊，那是祖父摸過的磚，是父親在青年時期曾經留影的屋簷樑柱，現在已經雜草叢生的前院，是當年父親的大哥教人跳交際舞的所在。即便仍依稀可見旅人的遺跡，但物換星移、人事已非。

日據時期，身為阿美族的祖父，到底是在什麼狀況下遇到了日本電力公司的主管，部落裡只有他被帶到台北幫傭、讀書，二次世界大戰後，又如何可以在戰後續留在電力公司就業，留在台東，還在這個時期興建房舍，然後又黯然離開？對我們來說是一個無法解開的謎。

要離開前，我在這棟屋前學著祖父一樣，蹲著照一張相片。房子不再屬於我們，但照片中這棟屋子內的味道、顏色、擺設沒變，那一段人生的旅途屬於祖父、屬於父親，屬於勇敢的旅人。儘管有得到也有失落，這就是人生的旅行。

父親的人生旅行

我們是花蓮人，不是台東人，但從祖父到父親，一度在台東生活。我們的人生，就像祖先一樣，逐水草而居，沿著有水的地方遷移，那是為了生存。

父親回憶，因公被派到台東上班的祖父，每當放假日，便會拿著一只大型藤編的箱子，坐火車回花蓮Halawan自己的部落，看親人，也補充生活物資。父親年幼時也最喜歡跟著祖父一起坐車回花蓮，因為回Halawan可以看到自己的玩伴、同學、表兄弟姊妹、祖父母。即便在八十年前，對旅外的小孩來說，「阿公阿嬤家」根本就是快樂天堂與開心農場。

去時箱子空空如也，祖父一手便可輕鬆提起，走動自如，但從Halawan啟程返回台東宿舍時，原本單手就可輕鬆提起的箱子，卻必須要扛在肩上才走得動，因為裡面必然塞了滿滿的Halawan家鄉味：Hakhak（糯米飯）、Silaw（生醃鹹豬肉）、Tulun（糯米糰）、icep（檳榔）、dongec（藤心），帶著這些東西，才能返回工作地打拚。

食物不只是食物而已。即便到現在，我們回部落，還是有長輩會塞一堆東西給我們帶回都市。有趣的是，也都還是八十年前的菜色：Hakhak（糯米飯）、Silaw（生醃鹹豬肉）、Tulun（糯米糰）、

icep（檳榔）、dongec（藤心）。這些不只可填飽肚子，也是旅人的精神食糧，一種力量。

從Halawan要走回火車站的途中，祖父邊扛著一大箱的食物，沿著一路出現的石頭與樹木邊逗著年幼的父親玩捉迷藏，孩童時期的父親一下緊張、一下哭、一下開心的笑。父親跟我們回憶起壯年時期的祖父以及幼年時期自己撒嬌的模樣，令我覺得很新鮮。原來硬漢如他也會哭著吵爸媽、想當跟屁蟲、坐火車出去玩。父親當年其實也不過就是個孩子，那是我從未看過父親的一面。

從小看著祖父旅行的人生，父親在青年時期也成了旅人。

從我的祖父開始，我們的家族，就進入高強度的「旅行」模式。與大時代的背景息息相關。二次戰後，父親幼年時隨祖父從花蓮遷徙到台東；青年時為了擺脫父母離異的陰影，從台東移動到台北，又從台北到日本；壯年時再從日本回到台灣。一次又一次的改變，一段接著一段的驚喜，「未知」是旅人最刺激的考驗，也是最愛的味兒。只想定點的人不是旅人，旅人知道自己的過去，想開創自己的未來，他／她會選擇跳進不簡單的環境裡，把旅程走完。

我的人生旅行

任何人若還想嘗試改變生活型態，那是因為他們還不想跟夢想道別。只要還有戰鬥力，還有野心，還有動能，就會做自己真正想做的事，去真正想去的地方。即便失敗也不足惜。而我，也想用我的雙眼與雙腳，去見識一切，人們只關心自己知道的事情，但我要學習我不知道的事。我喜歡翻譯外文書，因為翻譯是深沉的閱讀；我喜歡旅行，因為旅行是深度的反省。看到未曾經驗的事物、未曾聽過的想法、未曾見過的人……你不得不謙卑地反省自己：自己沒什麼了不起，要繼續打拚努力。

我的工作，讓我必須進入名副其實的「旅行」狀態，我指的是那種真的要飛來飛去的「旅行」。拜科技之賜，現在的旅行，可以更輕鬆地跨越國境。但每次我出國，父親都要知道我班機明確的起迄時間，我都會告訴他什麼時候起飛、什麼時候降落，因為他連替我禱告都要很精準，他與母親要替我的旅程禱告，說要把他們的孩子交託在上主的手中。

「妳就平安的去，平安的回來吧。」每次在機場起飛前、落地後打電話給父母，這就是他對我說的話。

我曾經擔任記者十五年，後來也從事政治工作有參與外交活動的機會，我拜訪過的國家、地區或屬地將近三十個。我出國，大多是為了工作，即便偶爾會規劃個人的旅行，也忍不住像出差一般，帶著記者的眼睛在旅行中拍攝探索。父親總是帶著欣慰的口氣感嘆時間飛快，他認為他旅行的黃金年代已經過去了：「這是你們的時代了！」

不論是日本、韓國、菲律賓、馬來西亞、新加坡、泰國、印度、尼泊爾、香港、澳門；也去過美國、加拿大、貝里斯、尼加拉瓜、巴拿馬；最喜歡去太平洋地區的紐西蘭、澳洲、斐濟、馬紹爾、索羅門、關島、夏威夷、吉里巴斯、帛琉，還去過法國、德國、挪威。另外還有南非。

在那些來來往往的旅行中，我曾在暖化的北極圈，看見因冰山融化而擱淺受傷的海象，令因努特人（Inuit）非常憂慮。也在酷熱的赤道，在毫無汙水處理設備的島國，看見孩子在排出糞水的海中玩樂，飽受皮膚病之苦，上岸還仍若無其事地邀我玩撲克牌。也搭過舢舨船，穿越重重雨林，進入加勒比海地區沒水沒電的部落，有幸在椰子樹下享受剛剖開的新鮮椰子汁。也曾在美國到過遭到卡翠娜颶風侵襲的紐奧良，看見無數遊民在街頭搭蓋帳棚街，政府與人民都無能為力。也曾在尼泊爾前往有圖博僧侶自焚的現場，看見圖博人民驚恐的眼神，拒絕與媒體有任何溝通。也在零下十八度C又萬里無雲的夜晚，才一走出薩米人（Sami）用馴鹿皮搭蓋的帳篷，抬頭往上就看見藍色、綠色、白色的極光在頭頂上不斷迴旋，而且只要天氣好，它們每天都在。

任何一種生命形態，或醜陋、或殘忍、或美麗、或壯觀，每一種環境，都養成自在的生存方式，人們總是充滿智慧地因應氣候與生活的考驗，努力並驕傲地存活著。因為那是他們的家。我們每一個人，都是某人的孩子、孫子、曾孫、曾曾孫，我們都不知不覺地被教導，拉著父母傳承的那一條線，沿著線走下去。

父親完成了他的人生旅行，但我的人生旅行，仍不斷地起飛、降落、轉機，還沒有抵達終點。我的工作與人生，仍持續不斷地更迭轉換。我曾經在台東、新竹、台中，也在桃園、台北，又跟著父母回到花蓮。但不管到哪裡旅行，不管走多遠，終其一生，我們都會持續地回家。

回家的那一天，家裡的味道沒有變，顏色沒有變，擺設沒有變，改變的是我們。因為經過旅行的洗禮，我們的生活會被翻進新的一頁，那時候就會發現，自己已經變得更有力量，可以重新再活一次。

後記

寫出這本小書是一個意外，當我把草稿拿給母親看時，她幾度無法讀完。她的生命與我父親的生命緊緊相連，書中歷歷在目的描述，使她嘗試穩定、嘗試接受父親的死亡、嘗試平穩的情緒，又被攪動了起來。「邊看邊哭，」她說。光是跟我說的時候，她又掉淚了。

當我跟她說，我想把它連同父親的歌本出成一本書。我觀察她的臉上出現不解，甚至顯露恐懼。我可以理解她的不解，但無法理解她的恐懼。所以我也納悶起來。

「有誰要看？」她問我。

我很詫異，心裡面想：「全世界的女兒、兒子都可以看啊，媽妳到底在說什麼啊！」當然我沒有喊出口。

我一開始對她的反應感到挫折，於是進一步問她為什麼會有「有誰要看」這種反應，她內心到底在擔心什麼？

她說：「我們又不是有名的人，妳爸爸也不是什麼人物，我們這樣的家庭，有誰會有興趣想看？」

我終於理解，她的遲疑，不是針對要不要出書這件事，也不是對我的文筆不以為然，而是懷疑，到底誰會對我們這種卑微家庭中不足掛齒的一切有興趣？甚至還願意掏腰包買別人家的故事來讀？

其實我的確希望把父親做的歌匯集成冊，透過鼓勵歌唱，讓更多人認識自己的信仰，不管你相信的是什麼，當任何人從歌中，看見我父親對信仰那赤裸裸如孩子一般純真的愛，也會協助你對你的信仰產生一種親近感。另外，我也想把一種過程跟讀者分享。也就是「面對失去」的過程。

我是長年從事文字與影像工作的人，過去許多親友家中，若有人過世，我都會義務幫忙剪接過世者生前的照片影片，在告別式中播出，供人懷念。我是那種就算剪別人影片的時候，都還會感動流淚的人。但當我自己的父親過世，我完全失能：沒有寫、沒有剪、沒有記錄、沒有做任何事情，只是獨自怔怔地熬過這一切。

理論上，書不該是「鏡子」，任何人在書中最不想看到的就是跟自己一樣的故事，因為既然已經知道過程與結局，再看就是浪費時間。但有時候，你會希望有一本書就像鏡子，希望有人可以把你的樣子寫出來。

我知道有很多人跟我一樣，在遇到親人過世時，不知道自己為什麼憤怒、流淚、哀傷，有的人會顯露出來，有的人不會，有的人會寫出來，有的人不會。我想寫一本可以反射出同感的書，希望對有需要的人有所幫助。就像播撒種子，若我有所領悟，我不想把種子保留在身邊，而是想分享出去。我的父親也是這樣的人。就好像，他有感動，他就想做歌，跟你分享。同時我也相信，時間會帶來不同的領悟。痛苦會讓你哭泣，但終將結出甜蜜的果子。

「原本以為只是要把妳爸做的歌印出來送給教會，沒想到愈弄愈大，」她聽懂我的說明之後，釋懷也同意了，還笑著自嘲說道。

這本書並沒有依照明確生老病死的時序書寫，而是來回在父親過世前後的那個階段遊走。如果有些人好奇為何不乾脆乖乖地照時間來寫就好：依病情的發展到過世後的一切，編排出一本合理又好看的時序。但我沒有辦法。因為我寫的是我腦中的記憶。至少到目前的我，還無法像說別人的故事一般，不痛不癢地編排他與我的人生年表。到現在，父親依然時而不在、時而存在於我的生活中。

在把書的草稿給母親與兄弟姊妹，以及出版社朋友看的過程，我發現每個人都各自擷取不同的片段，各自帶回內心，反芻、感受，這一點令我安慰。

例如弟弟跟我說，有些父親講話的細節或家庭的歷史，連他都不知道，是讀過草稿以後才知道。我告訴他，當我在寫作的過程，也一心想著他與哥哥的孩子，希望下一代可以了解家族的歷史，在心中，留一個位子，給他們的祖父Yotaka。

例如大哥跟我說，他對祖母曾經在父親高中時期，徹夜靜靜地坐著守在父親身邊那一幕，久久無法忘懷。

例如妹妹說，很多父親表達愛的方式，她到現在才領悟，更想念父親了。

對於書中提到我一度無法面對自己把父親送進火葬場，而產生的罪惡感，母親也坦承那種「罪惡感」像鬼魅般揮之不去，她也經常在獨自一人外出時痛苦地自問「為什麼我還在這裡？」我告訴她：這也是寫給妳看的。

我的父親不是完美的人，就跟所有人一樣，他也犯過愚蠢的錯誤，任何人都會犯下愚蠢的錯誤，即便當了父母亦然，但這不會令我們停止愛他。也因此失去我們所愛的他，會哀傷。

的確，很多人知道我是一個政治人物，或許更精確地說，我是一個半生不熟的政治人物。你可能會說：「政治人又不寫政治，還想來教我談『愛』？」「妳懂什麼『面對失去』？」

但我想大家也不會否認，我也是一個人生父母養的女兒，剛好是一個原住民，一個跟大部分的人一樣，沒有強大政治、經濟、教育背景的普通家庭的兒女。我要面對親人、工作、生活的壓力，就跟大家一樣。如果你原本就已經什麼都沒有了，萬一又失去了僅有的，例如父母，你會怎麼樣？即便是政治人物又怎樣？

我們每個人，都只是普通人，尤其在父親過世後，我跟大家一樣必須面對赤裸裸的哀傷過程，我是一個再普通不過的人。我的無言，跟在火葬場站在隔壁爐女人的無言一樣；我的木然，跟排在我後方來領骨灰那名男子的木然沒兩樣；我的眼淚，跟隔壁空格也來安座塔位的人相同；我對生死的領悟，也跟你們在痛失親人後的領悟沒有差別。

任何的金銀財富、身分地位、流言蜚語，都跟人一樣，會隨時間老去。但你經歷過的愛會隨文字留下。我們這些凡夫俗子，才是在時間的洪流中，靜靜地愛著、默默地寫著歷史的人。

附錄

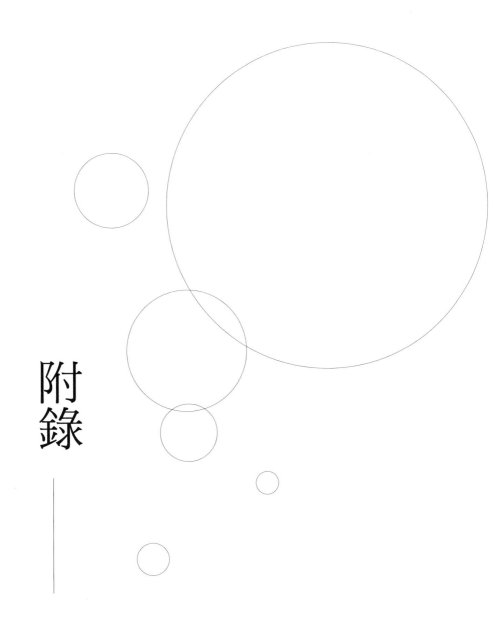

生命之歌

Yotaka 編

白石

（默二：17）
（新的救恩史：2003.07.04 AM 08:00）

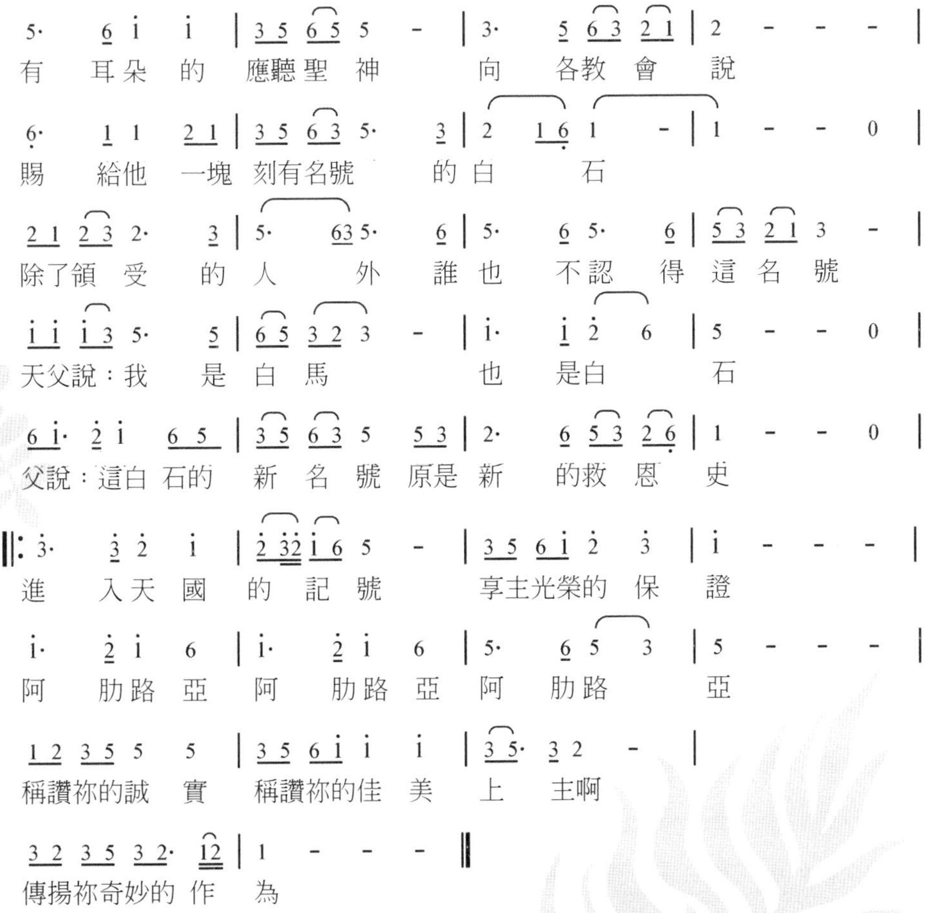

有耳朵的應聽聖神向各教會說
賜給他一塊刻有名號的白石
除了領受的人外誰也不認得這名號
天父說：我是白馬也是白石
父說：這白石的新名號原是新的救恩史
進入天國的記號享主光榮的保證
阿肋路亞阿肋路亞阿肋路亞
稱讚祢的誠實稱讚祢的佳美上主啊
傳揚祢奇妙的作為

天父的神祕特快車

C 4/4

救恩史 2014.01.27 PM1:10

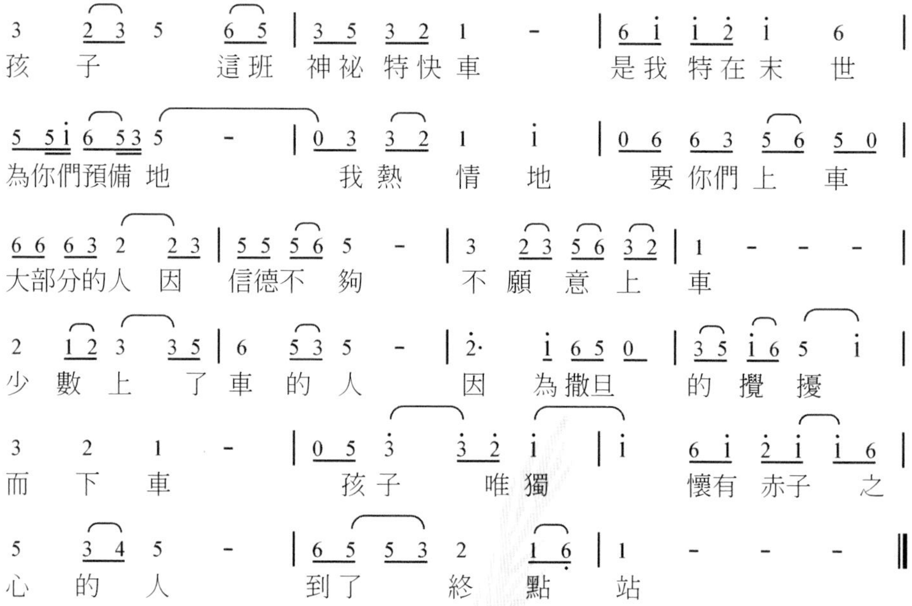
孩子這班神祕特快車是我特在末世
為你們預備地我熱情地要你們上車
大部分的人因信德不夠不願意上車
少數上了車的人因為撒旦的攪擾
而下車孩子唯獨懷有赤子之
心的人到了終點站

註：
北極特快車上的乘客都是孩子
耶穌說：我已經說過了，而我將要再三說一遍這番非常重要的說話：
「任何人不像小孩子般迎接天國，永遠走不進它。」

(二)主生命 1988.05.16

玻璃海上的讚美

C 4/4

(默十五：3~4)

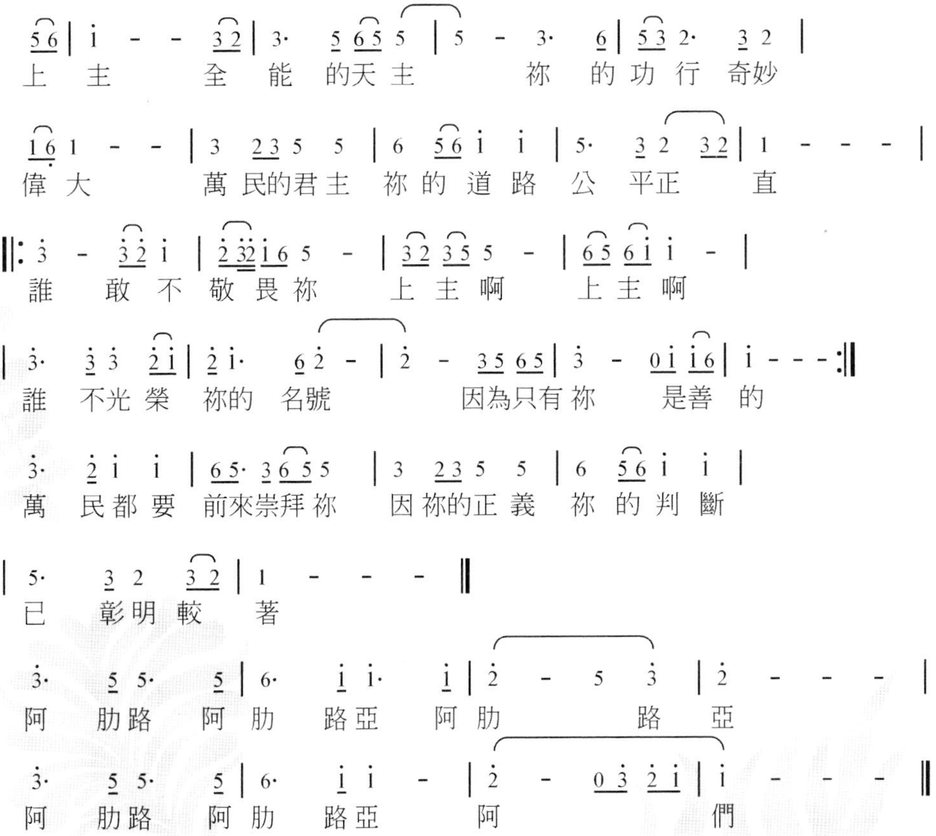

上主 全能的天主 祢的功行奇妙
偉大 萬民的君主 祢的道路公平正直
誰敢不敬畏祢 上主啊 上主啊
誰不光榮祢的名號 因為只有祢 是善的
萬民都要前來崇拜祢 因祢的正義 祢的判斷
已彰明較著
阿肋路阿肋路亞 阿肋 路亞
阿肋路阿肋路亞 阿 們

讚美天主的美德

C4/4

(詠一四五：1.2.8.9)

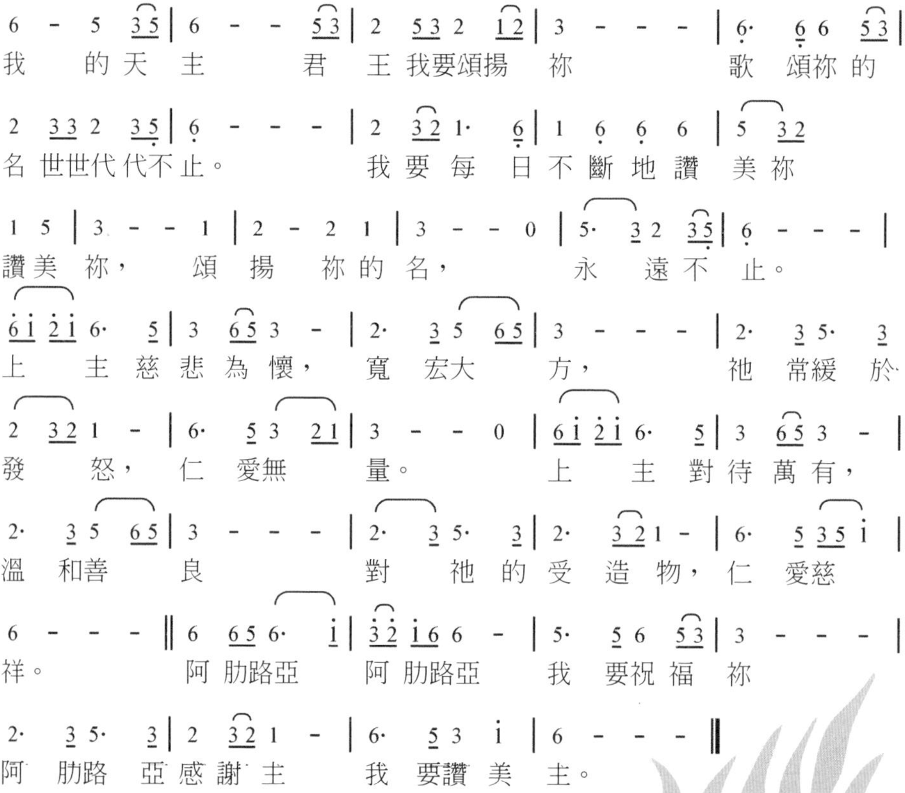

我 的天 主 君 王 我要頌揚 祢 歌 頌祢 的
名 世世代 代不 止。 我 要 每 日 不 斷 地 讚 美 祢
讚 美 祢， 頌 揚 祢 的 名， 永 遠 不 止。
上 主 慈 悲 為 懷， 寬 宏大 方， 祂 常緩 於
發 怒， 仁 愛無 量。 上 主 對 待 萬 有，
溫 和善 良 對 祂 的 受 造 物， 仁 愛慈
祥。 阿 肋路亞 阿 肋路亞 我 要祝 福 祢
阿 肋路 亞 感 謝 主 我 要讚 美 主。

向上主唱新歌

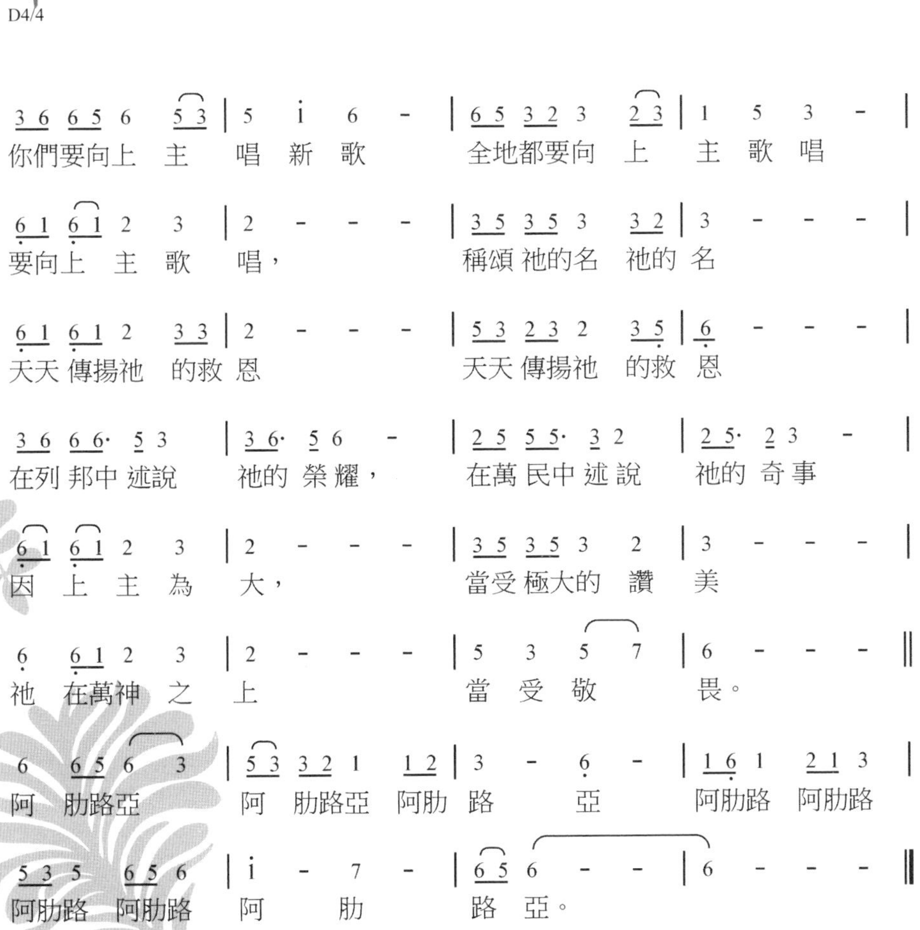

D4/4

```
3 6  6 5 6    5 3 | 5  i  6  -  | 6 5  3 2 3    2 3 | 1  5  3  -  |
你們要向上 主     唱 新 歌        全地都要向 上    主 歌 唱

6 1  6 1 2    3  | 2  -  -  -  | 3 5  3 5 3    3 2 | 3  -  -  -  |
要向上 主 歌     唱，          稱頌 祂的名    祂的 名

6 1  6 1 2    3 3 | 2  -  -  -  | 5 3  2 3 2    3 5 | 6  -  -  -  |
天天 傳揚祂  的救 恩            天天 傳揚祂    的救 恩

3 6  6 6· 5 3  | 3 6·  5 6  -  | 2 5  5 5· 3 2  | 2 5·  2 3  -  |
在列 邦中 述說    他的 榮耀，    在萬 民中 述說    他的 奇事

6 1  6 1 2    3  | 2  -  -  -  | 3 5  3 5 3    2 | 3  -  -  -  |
因 上 主 為  大，              當受 極大的    讚 美

6  6 1 2    3  | 2  -  -  -  | 5  3  5  7  | 6  -  -  -  ‖
祂 在萬神 之  上              當 受 敬    畏。

6  6 5 6    3 | 5 3  3 2 1    1 2 | 3  -  6  -  | 1 6  1    2 1  3 |
阿 肋路亞      阿 肋路亞  阿 肋  路      亞      阿肋路 阿肋路

5 3 5    6 5 6  | i  -  7  -  | 6 5  6  -  -  | 6  -  -  -  ‖
阿肋路 阿肋路    阿 肋      路 亞。
```

愛我．信我的人

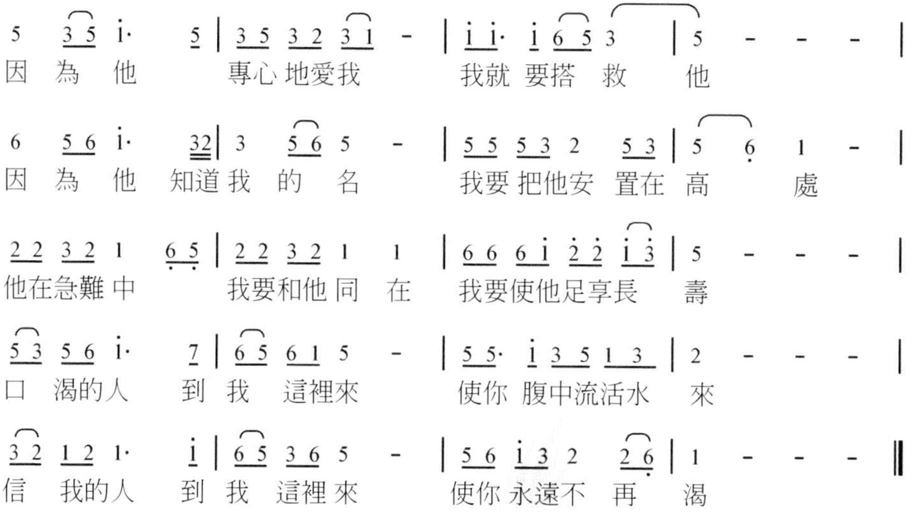

因為他 專心地愛我 我就要搭救他
因為他知道我的名 我要把他安置在高處
他在急難中 我要和他同在 我要使他足享長壽
口渴的人 到我這裡來 使你腹中流活水來
信我的人 到我這裡來 使你永遠不再渴

天主的道路是完善的；上主的言語是精煉的；
凡是投靠祂的人，祂必做他的後盾。

(詠十八：31)

就這樣我愛

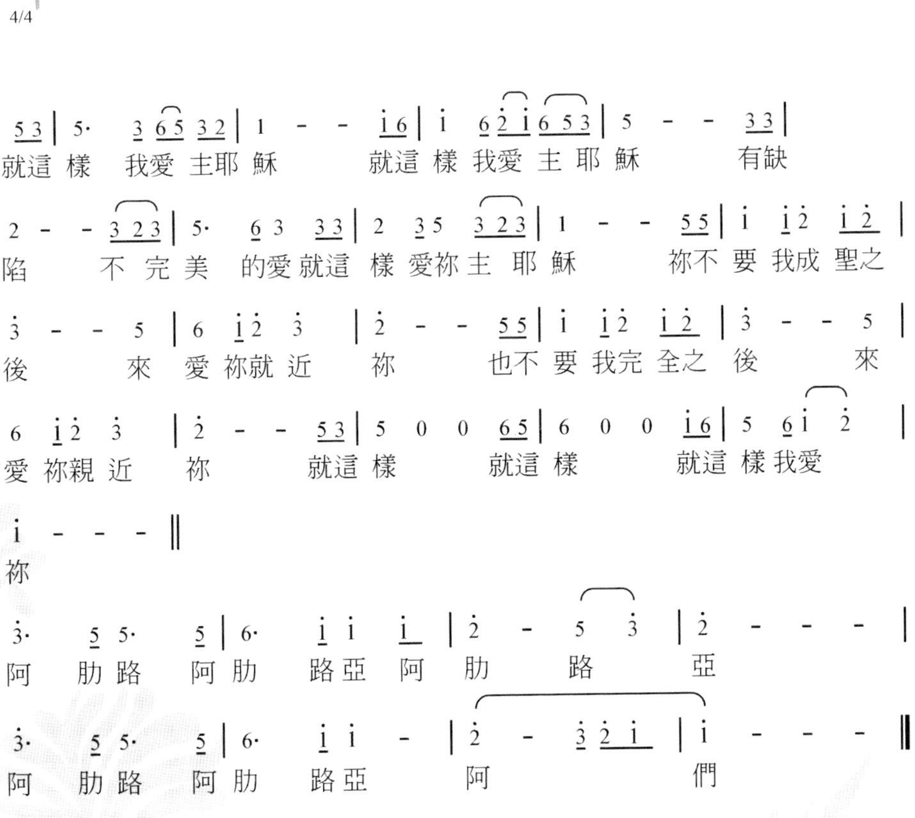

4/4

```
5 3 | 5·  3 6 5 3 2 | 1  -  -  1 6 | 1  6 2 1 6 5 3 | 5  -  -  3 3 |
就這 樣 我愛 主 耶  穌      就這 樣 我愛 主 耶 穌       有缺

2  -  -  3 2 3 | 5·  6 3  3 3 | 2  3 5  3 2 3 | 1  -  -  5 5 | 1  1 2  1 2 |
陷      不 完 美 的 愛 就這 樣 愛 祢 主 耶 穌       祢不 要 我 成 聖 之

3  -  5 | 6  1 2 3 | 2  -  -  5 5 | 1  1 2  1 2 | 3  -  5 |
後      來 愛 祢 就近  祢      也不 要 我 完 全 之 後       來

6  1 2 3 | 2  -  -  5 3 | 5  0  0  6 5 | 6  0  0  1 6 | 5  6 1 2 |
愛 祢 親 近  祢      就這 樣     就這 樣     就這 樣 我愛

1  -  -  -‖
祢

3·  5 5·  5 | 6·  1 1  1 | 2  -  5  3 | 2  -  -  -  |
阿 肋 路 阿肋  路 亞 阿 肋  路       亞

3·  5 5·  5 | 6·  1 1  -  | 2  -  3 2 1 | 1  -  -  -  ‖
阿 肋 路 阿肋  路 亞 阿       們
```

神祝福你

5· 6 5 3 2 | 1 1 1 2 3 – | 5· 6 1 3 5 6 | 5 – – – |
仁 慈天 父 為你預 備 美 善的 恩 惠
6· 1 1 6 5 | 3 2 3 5 5 – | 2· 3 5 6 3 2 | 1 – – – |
凡 事興 盛 身體健 壯 如 同靈魂興 盛
1· 1 1 21 6 5 | 1 11 1 2 3 – | 2· 1 1 3 5 6 | 5 – – – |
聖 父的慈愛 基督的恩典 聖 神的 感 動
3 2 3 5 5 5 – | 6 56 1 1 1· 3 | 2· 3 5 6 3 2 | 1 – – – ‖
在你的一生中 常與你同在 直 到 你永 遠

上主，我知道祢在那裡

```
0 3 3 | 3 - | 0 5 3 2 | i 0 3 2 | i - | i·3 5 6 | 5 - |
無所不 知        無所不 能 無所不    在的上    主

0 i i | i - | 0 2 i 6 | i·1 2 3 | 5 6 5 3 2 | 1 - |
我即 使    一大 早飛到海 的 那一 邊

0 2 2 2 | 2·5 3 2 | 1 2 3 5 6 6 | 5·3 6 6 | 5 0 i | i i 3 |
我即使 在 那裡 祢的手在迎接 我環繞在我 在 我 的

6 5 | 5 0 | 3 2 3 5 | 0 3 2 i | 6 5 3 5 | 5 6 5 |
前 後    阿一   阿一  我 往那 裡去

1 2 3 5·3 | i 6 5 0 | 3 2 | 2·3 5·3 | 5 6 | i - | i - |
逃避 呀 祢的神 按手 在我的 頭 上
躲避 呀 祢的臉
```

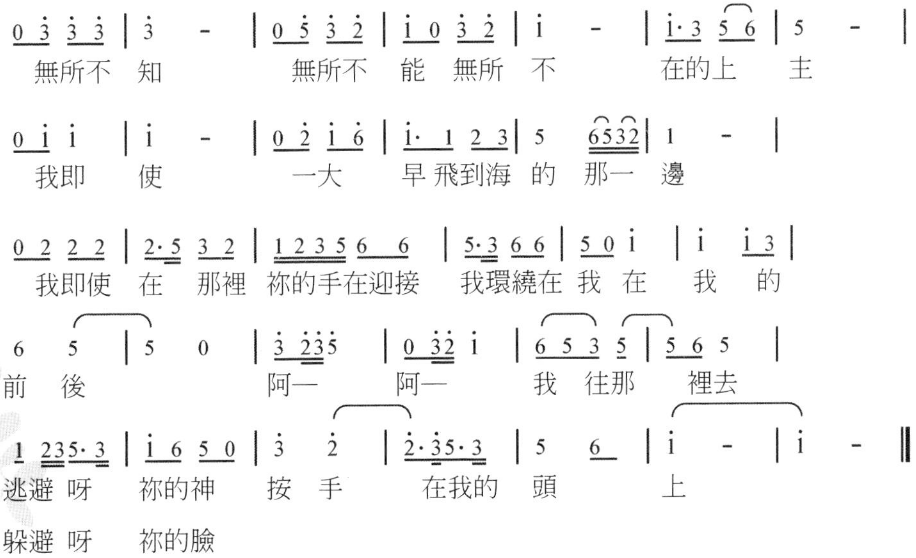

30. 凡安眠於黃泉的人都應朝拜祂，凡返回於灰土的人都要叩拜祂。
    我的靈魂存在生活只是為了祂，
31. 我的後裔將要事奉上主，向未來的世代傳述我主，
32. 向下代人，傳揚祂的正義說：「這全是上主的所作所為！」

(詠二十二：30~32)

頌讚大能的天主

D4/4

(詠三十三：6~9)

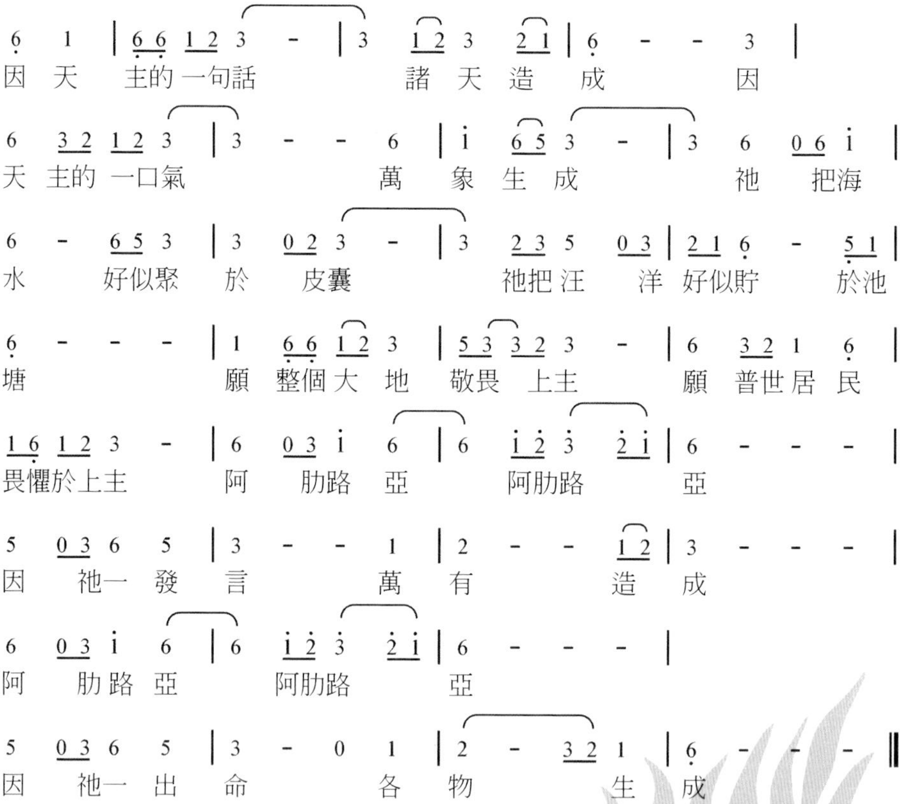

耶穌我愛祢

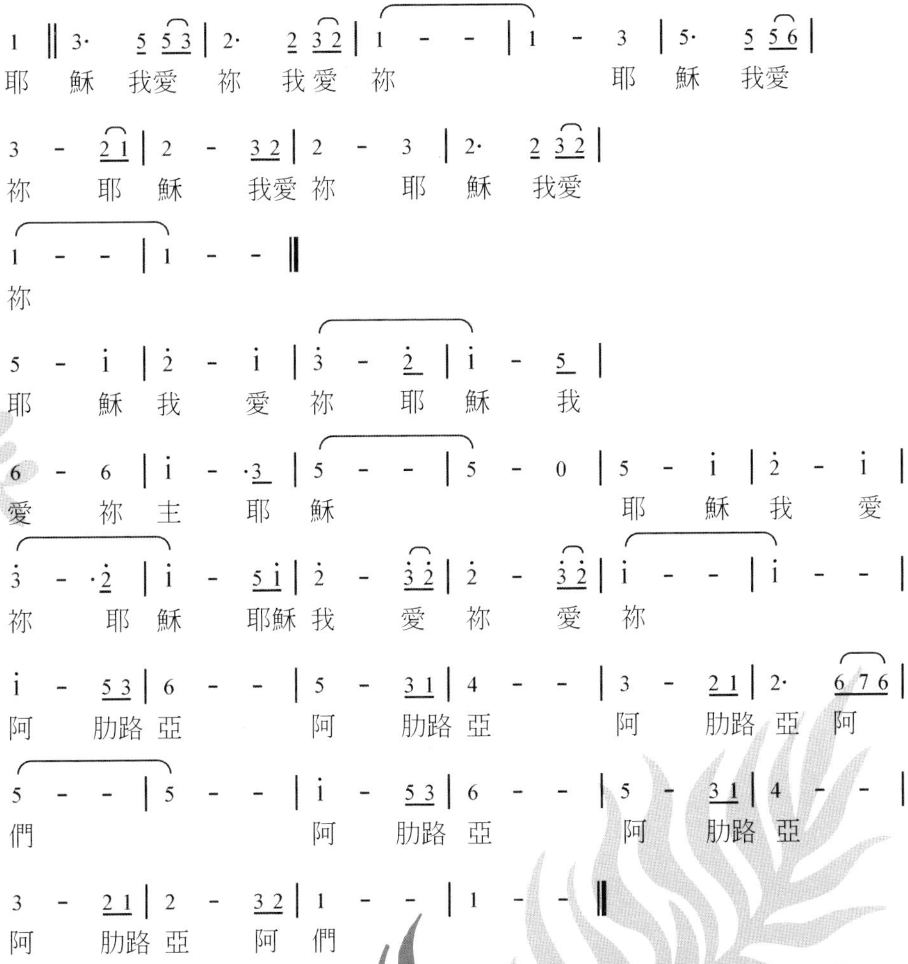

```
1 ‖ 3·  5 5̲3̲ | 2·  2̲ 3̲2̲ | 1  —  — | 1  —  3 | 5·  5̲ 5̲6̲ |
    耶    穌  我 愛  祢   我  愛 祢                耶    穌  我 愛

3  —  2̲1̲ | 2  —  3̲2̲ | 2  —  3 | 2·  2̲ 3̲2̲ |
祢     耶 穌   我    愛 祢   耶    穌   我   愛

1  —  — | 1  —  — ‖
祢

5  —  i̇ | 2̇  —  i̇ | 3̇  —  2̇ | i̇  —  5 |
耶     穌   我     愛  祢   耶     穌   我

6  —  6 | i̇  —  ·3̇ | 5  —  — | 5  —  0 | 5  —  i̇ | 2̇  —  i̇ |
愛    祢  主   耶     穌                       耶     穌   我   愛

3̇  —  ·2̇ | i̇  —  5̲i̇ | 2̇  —  3̲2̲ | 2̇  —  3̲2̲ | i̇  —  — | i̇  —  — |
祢    耶   穌     耶 穌   我    愛  祢     愛  祢

i̇  —  5̲3̲ | 6  —  — | 5  —  3̲1̲ | 4  —  — | 3  —  2̲1̲ | 2·  6̲ 7̲6̲ |
阿    肋 路   亞             阿    肋 路   亞             阿    肋 路   亞  阿

5  —  — | 5  —  — | i̇  —  5̲3̲ | 6  —  — | 5  —  3̲1̲ | 4  —  — |
們                       阿    肋 路   亞             阿    肋 路   亞

3  —  2̲1̲ | 2  —  3̲2̲ | 1  —  — | 1  —  — ‖
阿    肋 路   亞   阿  們
```

耶穌的花園

C4/4

1· 7 1 7 1 3 | 5 - - - | 6· 5 6 5 6 1 | 2 - - - |
粉 飾我 的花 園 粉 飾我 的花 園
1 2 3 2 3 - | 3 5 6 3 5 - | 5 6 1 6 1 2 | 1 - - - :||
一、乾旱吹著它 乾旱吹著它 我什麼也看 不 見
二、需要灌溉它 需要灌溉它 否則乾旱統 治 它
1· 1 7 5 | 6· 3 5 - | 3 5 5 6 3 2 1 | 2 - - - |
我 的鳥 兒 來 不及 等到下一個 季 節
1 2 3 2 3 - | 3 5 6 3 5 6 | 3 5 5 6 3 2 | 1 - - - ||
需要灌溉它 需要灌溉它 啊！ 他們肯聽便 好 了

小孩子，粉飾我的花園。以現在的情況來說，我什麼也看不見，所看見的只是乾旱。乾旱統治著我的花園，乾風吹著它，把剩餘的少許也吹乾。我的花兒需要灌溉，否則每一朵都會滅亡。我的鳥兒會來不及等到下一個開花的季節，牠們會一隻跟一隻的死去。啊，他們肯聽便好了。

(主內真生命：二.40.上10行)

安心

耶 穌 阿 耶 穌阿 我 在想 念 祢
經上 告 訴我 祢近 在前頭 祢在 我口中 也
在 我 心 中 我 的心 快樂 我的 靈歡喜
我 身安然居 住 千千人倒 在呀 我 旁邊
萬萬人倒 在呀 我 右邊 這災難必不 臨到 我

13. 但誰能認出自已一切的過犯？求你赦免我未覺察到的罪愆。
14. 更求你使你僕人免於自負，求你不要讓驕傲把我佔有；如此我將成為完人，重大罪惡免污我身。
15. 上主，我的磐石，我的救主！願我口中的話，並願我心中的思慮，常在你面前蒙悅納！

(詠十九：13~15)

讚美亞巴郎的神

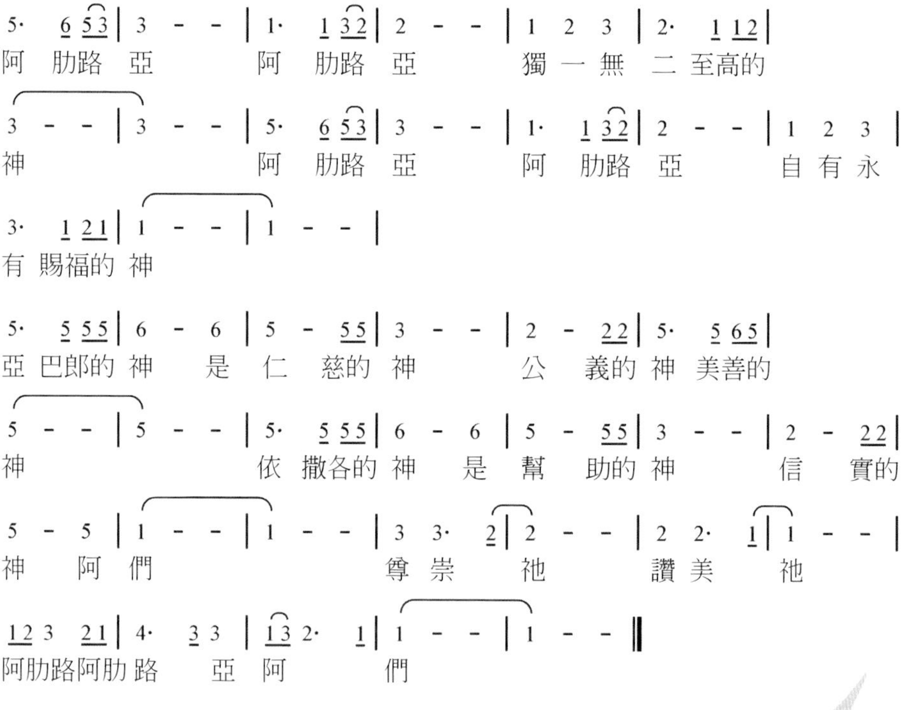

```
5·  6 5̂3│3 - -│1·  1 3̂2│2 - -│1 2 3│2·  1 12│
阿  肋路 亞    阿  肋路 亞    獨 一 無 二 至高的

3 - -│3 - -│5·  6 5̂3│3 - -│1·  1 3̂2│2 - -│1 2 3│
神          阿  肋路 亞    阿  肋路 亞    自 有 永

3·  1 21│1 - -│1 - -│
有  賜福的 神

5·  5 55│6 - 6│5 - 55│3 - -│2 - 22│5·  5 65│
亞 巴郎的 神  是 仁 慈的 神    公  義的神 美善的

5 - -│5 - -│5·  5 55│6 - 6│5 - 55│3 - -│2 - 22│
神          依  撒各的 神  是 幫 助的 神    信 實的

5 - 5│1 - -│1 - -│3 3·  2│2 - -│2 2·  1│1 - -│
神 阿 們          尊 崇  祂    讚 美  祂

12 3 21│4·  3 3│1 3̂2·  1│1 - -│1 - -‖
阿肋路阿肋路 亞 阿  們
```

唱新歌

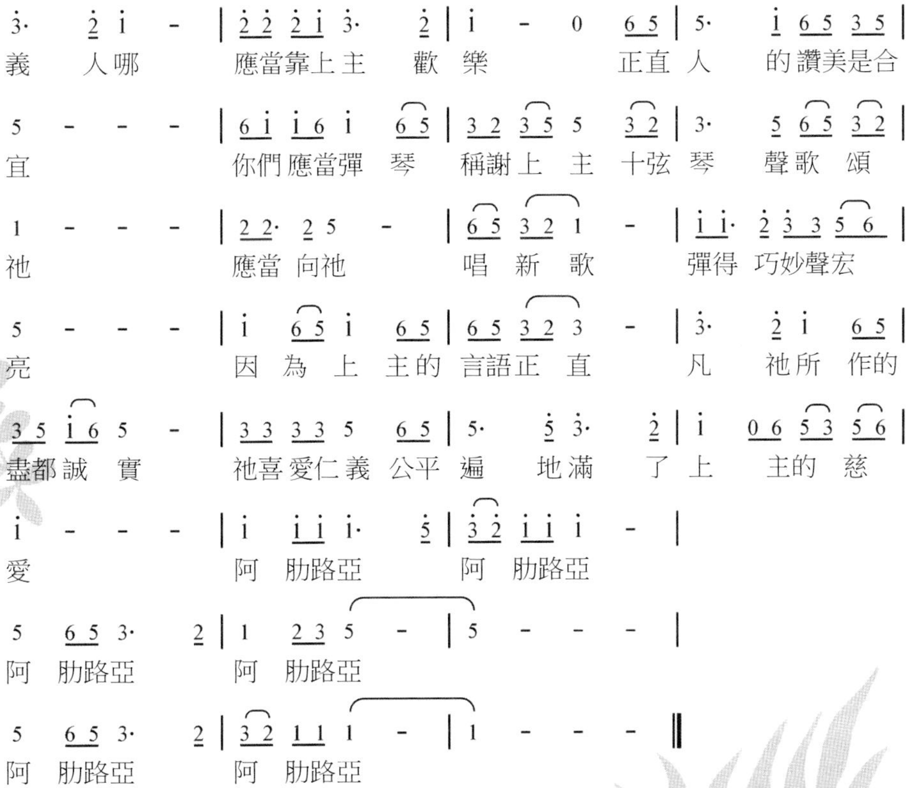

義人哪應當靠上主歡樂正直人的讚美是合
宜你們應當彈琴稱謝上主十弦琴聲歌頌
祂應當向祂唱新歌彈得巧妙聲宏
亮因為上主的言語正直凡祂所作的
盡都誠實祂喜愛仁義公平遍地滿了上主的慈
愛阿肋路亞阿肋路亞
阿肋路亞阿肋路亞
阿肋路亞阿肋路亞

你把救生的盾賜給了我，你的右手不斷扶持了我，使我日漸強大因你愛我。

(詠十八：36)

社會人文 BGB535

愛是一條線

作者 — Kolas Yotaka

企劃出版部總編輯 — 李桂芬
主　　編 — 李桂芬、鄭雪如（特約）
責任編輯 — 劉瑋
美術設計 — 蔡南昇
圖片提供 — Kolas Yotaka

出版者 — 遠見天下文化出版股份有限公司
創辦人 — 高希均、王力行
遠見・天下文化　事業群董事長 — 高希均
事業群發行人／CEO — 王力行
天下文化社長 — 林天來
天下文化總經理 — 林芳燕
國際事務開發部兼版權中心總監 — 潘欣
法律顧問 — 理律法律事務所陳長文律師
著作權顧問 — 魏啟翔律師
社址 — 台北市 104 松江路 93 巷 1 號
讀者服務專線 —（02）2662-0012 ｜傳真 —（02）2662-0007；2662-0009
電子郵件信箱 — cwpc@cwgv.com.tw
直接郵撥帳號 — 1326703-6 號　遠見天下文化出版股份有限公司

電腦排版 — 立全電腦印前排版有限公司
製版廠 — 東豪印刷事業有限公司
印刷廠 — 祥峰印刷事業有限公司
裝訂廠 — 台興印刷裝訂股份有限公司
登記證 — 局版台業字第 2517 號
總經銷 — 大和書報圖書股份有限公司｜電話 — (02)8990-2588
出版日期 — 2022 年 7 月 13 日第一版第 3 次印行

國家圖書館出版品預行編目(CIP)資料

愛是一條線 / Kolas Yotaka著. -- 第一版. -- 臺北市：遠見天下文化出版股份有限公司, 2022.06
260面；14.8×21公分. -- (社會人文；BGB535)

ISBN 978-986-525-620-3(平裝)

1.CST: YotakaKolas 2.CST: 臺灣原住民族 3.CST: 臺灣傳記

783.3886　　111007418

定價 — NT 400 元
ISBN — 978-986-525-620-3
EISBN—9789865256210（EPUB）；9789865256227（PDF）
書號 — BGB535
天下文化官網 — bookzone.cwgv.com.tw

天下文化

BELIEVE IN READING